中共安徽省委党校（安徽行政学院）资助出版

# 上海小三线建设中的技术转移模式研究（1965—1988）

鲁小凡◎著

中央党校出版集团

国家行政学院出版社
NATIONAL ACADEMY OF GOVERNANCE PRESS

图书在版编目（CIP）数据

上海小三线建设中的技术转移模式研究：1965—1988 / 鲁小凡著. -- 北京：国家行政学院出版社，2024.12. -- ISBN 978-7-5150-2938-2

Ⅰ. F426.48；F124.3

中国国家版本馆 CIP 数据核字第 2024FH3348 号

书　　名　上海小三线建设中的技术转移模式研究（1965—1988）
　　　　　SHANGHAI XIAOSANXIAN JIANSHE ZHONG DE JISHU ZHUANYI
　　　　　MOSHI YANJIU（1965—1988）
作　　者　鲁小凡　著
责任编辑　陆　夏
责任校对　许海利
责任印制　吴　霞
出版发行　国家行政学院出版社
　　　　　（北京市海淀区长春桥路 6 号　　100089）
综 合 办　（010）68928887
发 行 部　（010）68928866
经　　销　新华书店
印　　刷　中煤（北京）印务有限公司
版　　次　2024 年 12 月北京第 1 版
印　　次　2024 年 12 月北京第 1 次印刷
开　　本　170 毫米 ×240 毫米　16 开
印　　张　12.5
字　　数　182 千字
定　　价　62.00 元

本书如有印装质量问题，可随时调换，联系电话：（010）68929022

# 序言

## FOREWORD

2022年8月8日，我收到来自合肥的中国科学技术大学科技史专业博士研究生鲁小凡的微信。他说自己博士论文的研究方向是小三线建设时期的技术转移和技术扩散，从网上看到了我的多篇研究成果，受益良多，有兴趣和我联系。不久后，他到上海和我见面交流。在随后的几年中，我们一直保持密切的联系。

日月如梭，经过努力，小凡已经顺利拿到了博士学位，成为中共安徽省委党校（安徽行政学院）的一名青年教师，同时以他的博士论文为基础的书籍也即将出版。我真是为他高兴，欣然写下这篇序言。

近十年来，三线建设研究风起云涌。作为三线建设中一个重要组成部分的小三线建设研究也得到了学术界的高度重视，尤其是小三线建设中最突出的上海小三线建设，特别得到学术界的青睐。其主要涉及上海响应国家于20世纪60年代提出的关于加强备战、巩固国防的三线建设号召，在安徽南部和浙江西部建立的以军工生产为主的综合性后方工业基地，是全国小三线建设中的重中之重，具有非常重要的地位和研究价值。学术界已经从历史学和社会学角度等，进行了广泛深入的研究。

在中国工业化进程中，技术转移扮演了重要角色，在当代中国科技史研究中自然也具有重要意义。有着经济学和科技史学术背景的小凡从技术转移视角对上海小三线建设进行研究，具有一定的理论和现实意义，也是上海小三线建设研究一个新的突破。他聚焦上海小三线建设中的单一技术改进、联合技术创新和本土化技术创新三种模式，分别选取上海小三线代表性企业的协同机械厂、协作机械厂和八五钢厂作为案例，详细阐述了不同技术转移模式的内容和特点，分析比较了出现转移模式差异的原因，深

1

化了上海小三线企业的技术转移和创新细节，对技术特性的论述比较扎实，突出了科学技术史研究的特点。

小凡是一位勤奋聪明兼备的青年研究者。在认识我之后的短短两年时间中，他通过自身对小三线原始档案的搜集以及阅读我提供给他的上海小三线企业档案完成了博士论文，同时撰写了两篇发表于核心期刊的文章。他的《上海小三线污染治理研究》结合掌握的档案资料详细论述了八五钢厂通过制定污染治理规划及政策、自上而下设立环保部门、加强生产过程中的技术改造、大搞综合利用、积极缴纳行政罚款和进行经济赔偿等方式，在一定程度上减少了环境污染、增加了企业经济效益，但最终并未达到国家要求的经济建设与环境保护同步进行，甚至"两头落空"。究其原因是管理机构权责不统一、专业从事环保工作人员不足和环保专项资金投入不够。这篇文章将我几年前发表的同类主题的文章《为了祖国的青山绿水：小三线企业的环境危机与应对》予以了新的推进，真是令人高兴。治学如积薪，后来者居上。三线建设研究就应该这样，扎扎实实，一步一个脚印地前进。

三线建设研究在历史学和社会学等方面已经取得了令人瞩目的成绩，需要开拓新的研究领域。小凡结合了中国当代史的资料与方法和科学技术史的视角与工具，深化了三线建设的个案研究，尤其是开拓了技术转移模式研究这一新的研究领域。对于三线建设感兴趣的读者，相信一定可以从这本著作中有所获益。

徐有威

# 前言
## PREFACE

在中国工业化和现代化进程中，技术转移扮演了重要角色。近代以来，欧美工业化国家的技术向中国的转移直接影响了中国的历史进程，之后中国对转移技术的利用更是直接奠定了工业化的基础，正因如此，技术转移研究在当代中国科技史研究中具有重要意义。但由于新中国成立以来技术转移频繁且复杂，有必要从个案入手进行研究。从三线建设切入研究当代中国技术转移有其独特性和代表性。三线建设是新中国历史上一次特色鲜明的技术转移事件，有大三线和小三线之分，本书所研究的上海小三线建设是全国各省、区、市小三线建设中门类最全、人员最多、规模最大的，是上海自20世纪60年代中期，在安徽南部和浙江西部建立的一个以军工生产为主的综合性后方工业基地。综观整个上海小三线建设，其技术转移过程趋于一致，但由于不同企业所处环境、承接技术的不同，技术转移模式上存在差异。那么，上海小三线技术转移模式有哪些？在同一政策背景下为何会出现不同的技术转移模式？造成这一差异的原因具体是什么？

目前学界对新中国技术转移和上海小三线建设的研究较多，为本书的撰写提供了一定参考，但以往对新中国技术转移的研究聚焦技术引进，对国内技术转移的讨论较为缺乏；在上海小三线建设研究中，从社会史、经济史角度研究的较多，而较少从技术转移的视角进行探讨。上海小三线建设的核心在于将上海的企事业单位转移到安徽南部和浙江西部，可以说，小三线企业的发展过程一定程度上就是上海小三线建设的历程，而企业的发展又和技术密不可分，所以对小三线企业主要生产技术改进创新的研究必不可少。因此，通过技术转移视角研究上海小三线建设有明显的学术价值。基于此，本书将利用小三线企业档案室和地市档案馆所藏一手档案资料、小三线建设者口述资料汇编和内部发行资料，辅以公开出版著作和报刊资料，以技术转移为视角、以上海小三线建设为研究对象，梳理上海小三线建设中的技术转移细节，总结其技术转移模式，评价其技术转移成效并找出技术转移存在差异化的原因，进而丰富中国区域技术转移的研究、加深对当代中国技术转移的理解，并为现今中国区域发展战略提供历史借鉴。

全书共分七个部分，除绪论和结语部分外，主体章节为五章。第一章上海小三线技术转移的过程，主要解决上海小三线技术转移"为什么转"、"转移什么"、"往哪里转"及"怎么转移"的问题。第二章单一技术改进模式——以协同机械厂为例，主要解决"单一技术改进模式的具体内容和特点是什么"的问题。第三章联合技术创新模式——以协作机械厂为例，主要解决"联合技术创新模式的具体内容和特点是什么"的问题。第四章本土化技术创新模式——以八五钢厂为例，主要解决"本土化技术创新模式的具体内容和特点是什么"的问题。第五章小三线技术转移模式差异化的原因分析，主要解决"为什么在同一政策背景下上海小三线建设会有不同技术转移模式"的问题。结语部分将从区域协调发展的角度评价上海小三线建设，并与现今的长三角一体化发展战略进行对比，给出相应历史借鉴。

本书认为，上海小三线建设中存在单一技术改进、联合技术创新和本土化技术创新三种技术转移模式，造成这一差异的原因是技术转出方、技术接收方、技术特性和外部环境的不同。从技术转出方来看，其对技术转移模式的影响主要体现在技术支持力度的差异，不同的技术来源会导致企业技术改进和创新能力的不同。从技术接收方来看，其对技术转移模式的影响主要体现在相关技术基础的差异。从技术特性来看，其对技术转移模式的影响主要体现在对转移技术的利用。从外部环境来看，其对技术转模式的影响主要体现在技术需求的差异。

　　本书还认为，虽然技术转移的模式各有不同，但其在区域协调发展方面的影响总体是积极的。随着上海小三线建设的开展，让当时的中国确立了支持乡村建设的建设导向，并实现了产业化导向的人口流动。

# 目录

# 绪 论

## 一 ▌选题缘起与研究意义

技术转移是将某种技术应用到与其起源不同的地域的过程，是一种经济现象和技术发展的常见模式，是推动人类科技进步和促进社会发展的重要方式之一。对于中国工业化历程而言，技术转移同样是中国工业化和现代化进程中的一项突出内容。近代中国在洋务运动时期引进了大量西方先进科学技术，让近代工业体系粗具规模的同时也为后续发展工业铺平了道路。新中国成立以来也几乎从未中断过技术学习和转移的步伐。无论是计划经济时期，还是改革开放时期，许多领域的技术升级与改造都和技术转移密切相关，由此技术转移研究在当代中国科技史研究中更具意义。但由于新中国成立以来技术转移频繁且复杂，有必要从个案入手进行研究。

从三线建设切入研究当代中国技术转移有其独特性和代表性。三线建设是新中国历史上一次特色鲜明的技术转移事件，是中国跨区域的横向技术转移。20世纪六七十年代中共中央对全国工业布局进行了一次大规模战略性调整，目的是通过在中西部地区建立以军工产业为核心的重工业基地来应对潜在的战争威胁。随着大量设备、工人的内迁，三线建设战略开始实施。三线建设期间虽有"四三方案"的实施，但该方案中引进的企业多分布在东部沿海地区，处在内地和腹地的三线城市未被纳入方案中，且

1

该方案中的引进项目直到20世纪70年代末80年代初才部分投入使用，在三线建设时期并未发挥作用。中国通过三线建设不仅实现了国防战略目标，还优化了国家工业布局，推动了区域经济的均衡发展。

三线建设包括大三线建设和小三线建设。20世纪六七十年代中共中央根据全国各省、区、市的战略位置将其划分为不同的地区，分别称为一线地区、二线地区和三线地区。一线地区主要包括沿海和边疆地区；三线地区涵盖了七个西部省区以及山西、河北、河南、湖南、湖北、广西等地；二线地区则处于一线地区和三线地区之间，属于中间地带。其中，西南和西北地区被合称为大三线，而各省份靠近内地的区域被称为小三线。大三线以建设电子工业、航空工业、机械制造工业等工业企业为主，小三线以建设枪支、子弹、地雷和手榴弹等轻武器的制造企业及配套工厂为主。本书所研究的上海小三线建设是全国各省、区、市小三线建设中门类最全、人员最多、规模最大的，始于20世纪60年代中期，终于80年代末期的，上海在安徽南部和浙江西部建立的以军工生产为主的综合性后方工业基地。

作为当代中国较具代表性的技术转移事件，上海小三线建设的技术转移特征较为鲜明。从技术主体来看，安徽南部和浙江西部是从上海承接了生产军工产品的相关技术，但具体到每个企业各有不同；从技术供体和受体来看，上海小三线建设是上海市在20世纪六七十年代，通过组织机电、轻工、仪表、化工等14个专业局，以包建的形式在安徽南部和浙江西部建立了81个企事业单位的过程，其中的技术供体均是上海市，技术受体是安徽南部和浙江西部地区，但具体到单个企业所处的地域各不相同。再从技术进步来看，上海小三线企业受不断变化的军工需求和接收方外部环境的影响，在发展中进行了不同程度的技术改进和创新，最后的技术转移成效也各有不同。所以说，上海小三线的技术转移模式不能一概而论。那么，上海小三线技术转移模式有哪些？在同一政策背景下为何会出现不同的技术转移模式？造成这一差异的原因是什么？

鉴于此，本书将以技术转移为视角梳理上海小三线建设的整体情况，总结不同上海小三线技术转移模式的内容和特点，分析上海小三线技术转移模式存在差异的原因。此选题的意义如下：①从当代中国科技发展的历史来看，技术转移扮演了重要角色。但以往科技史界研究技术引进的较多，研究中国区域技术转移的较少，这一选题本身具有一定的科技史研究价值。②通过研究上海小三线技术转移模式的差异，可以深入分析不同模式对技术转移成效的影响，有助于加深对当代中国技术转移的理解。③上海小三线在安徽的建立与发展和现今的长三角一体化发展战略较为相似。通过厘清上海小三线建设的技术转移历程，总结小三线技术转移模式，可为长三角一体化建设提供历史借鉴。

## 二 学术史回顾

### （一）技术转移内涵研究

"技术"一词源于希腊语，由"techne"（意为艺术、技巧和手工，指人类活动与自然相区别的方法）和"logia"（指争论、解释与原理）组成。技术是指人类改造自然、创造人工自然的方法、手段和活动的总和，其在人类历史的发展过程中不断演进，涵盖了广泛的劳动技能、技巧、经验和知识。作为人类认识和利用自然的重要工具，技术本身是一种物质财富，实际上是人类劳动技能、生产经验和科学知识的具体体现。其范围也极为广泛，涵盖了从简单的手工技艺到复杂的科学应用等多个方面。

技术转移的概念最初于1964年在第一届联合国贸易发展会议上被提出，会议上把国家间的技术输入与输出统称为技术转移。一般认为最早界定技术转移的学者是H. Brooks，其认为技术转移是指将在一个机构或组织中发展起来的某项或某些技术，合理地传递应用到其他机构和组织中的过程。R. S. Rosenbloom也曾认为，技术转移是将某一领域的技术从其最初的应用领域移植至完全不同的领域，以实现开发、获取和利用的过程。这包括将已有的技术、知识和经验，通过跨领域的方式应用于新的环境和用途，以推动创新和发展。其后，对技术转移内涵的讨论逐渐增多。经济学家通常倾向于根据普遍知识的属性来确定技术转移，特别是强调与生产和设计相关的因素。社会学家倾向将技术转移与创新相联系，将各种技术，包括社会技术在内，视为降低实现预期成果过程中因果关系不确定性的工具性行动的一种设计。人类学家则倾向将技术转移放在文化变革以及技术影响变革的方式的大背景中去看待。

关于技术转移的分类，学者从不同视角开展了研究。根据技术转移的方式，有学者将其划分为垂直技术转移和水平技术转移，其中，垂直技术转移是指技术从应用研究中心传递到研发和生产部门，而水平技术转移是指技术在不同地区之间的转移。前一种的核心是从科学理论到技术实践，或者从研发机构向企业的知识转移。而水平技术转移也被称为横向技术转移，是跨地域的一种技术扩散活动，核心问题是研究技术的本土化。根据技术转移的目的，有学者将技术转移分为"物质转移""设计转移""能力转移"。物质转移的目标在于获取特定零部件、设备、机构，或者包括某项特定技术的工厂等，以满足特定需求或实现特定目标。这包括通过转移物质和资源来获得对特定实体或技术的控制和利用权。设计转移的目的是获取制造特定产品的能力，这些产品最初由其他实体设计和制造。这种转移涉及获取设计和生产的技能，以便能够独立生产特定的产品。能力转移的目的不仅在于获得生产某产品的能力，还包括采纳引进技术并使其适应当地条件，进行小规模改进，以最终开发新产品或新的生产流程。还有学者根据技术转移的内容，认为技术转移包括技术知识的传递及技术能力的迁移，而技术能力可以被视为将知识应用于实际情境的能力。因此，技术转移本质上是知识的传递和迁移过程。在技术转移过程中，知识从原有的技术主体或载体中传出，传递到其他主体或载体，成为其他主体所掌握的技术经验。这代表着知识从技术所有者向技术使用者的传递。这种传递可以在技术生成领域（如研究机构）和技术应用领域（如企业和商业部门）之间进行，也可以在不同的技术使用者之间进行传递，甚至可以跨越不同的地区（国家或地区）。还有学者认为技术转移可划分为相互交叉的三个阶段，即计划与选择、吸收和扩散。在计划与选择阶段，技术转出方将作出转移什么技术、通过什么机制转移技术和提供技术的来源等决定。吸收是技术接收方对转移技术进行学习、消化并使其与当地经济相融合的过程。扩散是指将转移的生产技术或自物质形态分离出来的技术知识，从接收技术的企业传播到本产业的其他企业，以及国民经济的其他部门中的过程。

关于技术转移的模式，傅政华从技术内容的完整性出发把技术转移分为"移植型"和"嫁接型"两种。所谓"移植型"是指通过一次性整体搬迁实现技术的迁移。这种模式的特点是转移成本较高，因为需要同时迁移多个技术要素，需要大量的资源和投入。"嫁接型"则是指某一单位的特定技术或关键工艺设备等在流动过程中实现的技术转移。这种模式相较于"移植型"来说，更侧重特定技术要素的流动，而不需要整体搬迁。这种模式会降低一些成本，但仍然需要确保流动的技术能够在新环境中得到应用和发展。基于技术载体的不同特点，张克让将技术转移划分为三种模式："实物型"、"智能型"和"人力型"。"实物型"技术转移是指由实物流动引发的技术转移。从技术角度来看，生产手段和劳动产品形态中的实物都代表着特定技术的具象化和物质化，从中可以反映出某种技术的存在。因此，当实物发生空间上的流动或转让时，相应的技术也会随之转移，这构成了所谓"硬技术"转移的基本方式。"智能型"技术转移模式，是指通过传播和流动一定的科学理论、技能、经验等精神层面的知识引发技术的转移。这种模式不依赖实物的流动，因此通常称为"软技术"转移。"人力型"技术转移是由人员的流动引发的技术转移，是指随着人员的迁移、调动、招聘、交流往来、异地培养等多种流动形式，都可能引发技术的转移。这种模式强调人员在流动中带走并传递了特定的技术知识和经验，从而影响到技术的迁移和应用。

结合前人研究，本书所讨论的技术转移是指以物质转移为主、设计转移和能力转移为辅，在同一国家不同区域之间进行的横向技术转移，是包括技术的引进、消化吸收创新和本土化在内的完整的、渐进的技术活动。

## （二）近现代中国技术转移研究

学界从不同角度对近现代中国技术转移进行了研究。有学者考察了技术转移后的技术改进问题，其中 Wang 研究了 1868—1870 年英国怡和洋行在中国开设牛庄油坊后的技术改进过程，并分析了其最终失败的原因。Leong Chan 等通过对中国高铁行业的研究，比较了影响技术改进的主要因素。张瑞德等以 1876—1937 年中国的铁路技术转移为例，研究了清朝铁路技术的转移和发展，着重讨论了其中的技术改进问题。吕清琦和方一兵考证了施耐德产来复线机的技术特点和引进过程，并对其中所体现的民国时期火炮制造特点进行了讨论。陈晓刚以鞍钢这一中国特大型国有钢铁联合企业为例，考察其技术创新的历史演进及机制。叶雪洁以淮南煤矿为对象，研究了 1909—1949 年淮南煤矿技术的引进与早期发展之间的关系。

有学者考察了技术转移与社会转型的关系，其中 Samuel 等以江苏省为案例，研究了江苏省于 20 世纪 80 年代开展的技术转移活动对当地经济社会文化等方面的冲击，并认为 80 年代的技术引进让江苏省实现了快速发展。Brown 研究了 19 世纪欧洲向中国进行的技术转移，认为技术转移是发达地区与欠发达地区发生的经济活动，19 世纪的中国发展较为落后，欧洲国家的技术转移让其原本缓慢的发展速度得以提高。Brouwer 从中美关系视角研究了中美的技术转移活动，认为中美关系的不断变化影响了中美技术转移活动的开展，中国社会认可度的变化也是影响技术转移活动的要素之一。Mao Lin 讨论了 20 世纪 70 年代中美民间的技术交流及其对中国社会发展的影响，认为民间的科技交流更容易深入技术转移的实效。冯震宇以明清时期西方火器技术的转移为研究对象，探究了近代中国技术转移与社会转型之间的关系。其认为明清时期西方火器技术向中国的传播对中国当时的社会结构、经济和军事等方面产生了不同程度的影响，同时揭示了技术转移与社会转型之间相互作用的关系。吴苗追溯了近代西医产科止痛技术传入中国的历史脉络，探讨了其在社会文化等方面的影响。宋超梳理了民国时期苏联农业技术向中国转移，并分析了对中国产业结构调整和人民消费结构改善的影响。包羽以技术哲学和技术社会学为研究视角，利用国际技术转移理论，研究了洋务运动时期清政府引进西方电报技术的全过程。赵娟霞从经济史视角，以技术进步为中心，研究了天津自1860年开埠后逐渐成为近代中国北方的工业摇篮和经济中心的历史过程。王斌从技术史角度考察了19世纪末20世纪初随着德国在华殖民扩张，德国向中国输出资本和铁路技术，胶济铁路随之诞生，并探讨了技术转移过程中技术与社会的互动。其认为胶济铁路技术转移是殖民地背景下的强行进入。虽然中国依靠德国技术成功实现了工程目标，但其中也伴随冲突和调试，中国人对铁路态度的转变和山东铁路公司的动机对铁路技术本土化的影响较为明显。李雪研究了1804—1894年西方电报技术向中国的转移，并重点关注了技术转移过程中技术与社会、经济、政治、文化之间的关系。

还有学者考察了技术转移中的本土化问题，其中Colomban等研究了17—18世纪欧洲向中国转移珐琅工艺的历程及对中国相关工艺的冲击，其认为珐琅工艺转移至中国后，清政府选择采用了铅火法等颜料，但多数颜料还是使用了中国传统配方，这加强了清政府在该工艺方面的开创性。Su研究了中国在20世纪70年代引进彩色电视系统后的本土化过程。Sadoi以当代中国汽车产业为例，认为自1979年以来，国外技术传入中国成为推动中国汽车行业发展的关键因素之一。Baark探讨了丹麦大北方电报公司将电报技术传入中国的历史过程，描述了大北方公司在19世纪七八十年代对丹麦和中国之间外交关系的影响，总结了该公司在电报技术本土化方面的贡献。方一兵以汉冶萍公司为个案，系统研究了汉冶萍公司对西方钢铁技术移植的史实，着重探讨了技术的本土化及技术与社会的互动。李彦昌从医学技术史的角度，梳理了片剂向中国传入的历程，并通过对片剂传入和技术本土化的深入研究，揭示了医学技术在跨文化交流中的变迁和互动，丰富了医学技术史的研究。孙烈的著作《德国克虏伯与晚清火炮：贸易与仿制模式下的技术转移》系统研究了19世纪末至20世纪初德国克虏伯技术向中国的转移，其认为在多种因素的作用下，这一技术转移的本土化结果并不理想，克虏伯公司和晚清之间的技术转移存在较大的缺环。张柏春等的著作《苏联技术向中国的转移（1949—1966）》概述了苏联技术向中国转移的基本史实，并分别从工业援建、科技援助及高等技术教育三个领域选择有代表性的案例，对技术转移作了微观的描述和分析。

通过上述成果的梳理可以发现，学者对近现代中国技术转移的研究较为丰富，研究视角多为技术引进，探讨的问题多是引进技术的消化吸收及与社会、文化及经济的互动。这些成果虽为本书提供了一定借鉴，但也让笔者认识到过往研究的缺漏，主要体现在缺乏从国内区域技术转移视角研究中国技术转移问题的成果，这也让本书更具科技史研究价值。

### （三）三线建设研究

三线建设是新中国成立后中共中央开展的重要建设活动，其在巩固国防的同时也促进了三线地区的发展，因而成为中国大部分国史、经济史、党史著作的重要内容。其中，公开出版的著作主要以三线建设亲历者的回忆录、传记、文集等为主，这些资料具有重要的参考价值。值得注意的是，中国兵器工业总公司1992年9月出版了《地方军事工业》，该书具体、全面地梳理了全国三线建设的建设过程、产品生产及改革调整等内容。同时，《三线建设》编写组编写了《三线建设》，该书获得了国家多部委的资料支持与帮助，就三线整体的发展脉络、各工业种类发展情况也进行了概述。这两本著作是研究三线建设的重要参考资料。

关于三线建设的研究大体可分为三类。

第一类是探讨三线建设的历史背景和决策过程。张全景、韩洪洪等对三线建设的历史背景作了详细梳理。沈志华主编的《中苏关系史纲》从冷战史的角度对三线建设的原因作了深入分析。陈东林所著《三线建设：备战时期的西部开发》就三线建设进行了全面系统的论述，并成为三线建设研究的代表性成果。其另一部著作《中国共产党与三线建设》对三线建设决策前后党内会议、政策决定等资料进行了详细梳理，对本书有一定参考价值。

第二类是研究三线建设的后续影响。李彩华和姜大云认为大三线建设在促进区域经济社会发展方面的作用是不可忽视的，其遗留的精神财富也极具借鉴意义。徐有威和陈熙利用翔实的资料全面分析了三线建设在工业发展和城市化方面发挥的积极作用，同时也认为20世纪六七十年代中国城市化发展逐渐与工业化脱钩并长期处于停滞状态，这一现象与三线建设的开展有一定关系。林晨、王鑫等用计量方法研究了三线建设的经济效应。总体来看，学界普遍认为三线建设得大于失，认为三线建设在促进区域发展、巩固国防等方面的积极作用大于其负面影响。

第三类是研究三线建设中的具体事例。有学者研究了三线建设中的民工问题，如刘本森和刘世彬研究了山东小三线建设中的民工动员工作，其认为山东正是不断完善了民工动员工作，使民工的潜力得到充分挖掘，进而使得小三线建设顺利展开。还有学者研究了三线建设中的技术改进问题。刘洋研究了攀枝花钢铁工业基地的技术改进过程，认为攀枝花钢铁工业基地在没有先例也无外援的情况下，解决了普通高炉冶炼钒钛磁铁矿这一世界上尚未解决的技术难题。这一成就与政治决策、领导体制变化等非技术因素密不可分。袁世超和徐有威以三线长城机床铸造厂为例，研究了其通过引进技术和外资促进企业发展的历史过程，其认为长城机床铸造厂的辩证看待区位劣势、用好三线建设提供的技术与人力资源支持、保持企业与政府的良性互动等经验对于反思三线企业的发展历程具有重要价值。还有学者从文化视角研究了三线建设。周云和张宇、杨舒茗和黄雪垠阐释了三线建设遗留下来的精神财富，他们认为"艰苦创业、无私奉献、团结协作、勇于创新"的三线精神在推动当时中国工业发展、体现中华民族伟大复兴强烈愿望和传承红色基因等方面具有独特的历史价值。吕建昌、杨舒茗和黄雪垠研究了三线建设遗留的工业遗产及其再利用。

三线建设作为当代中国发展历程中的一个重大历史事件，国外学者也较为关注。较早对中国三线建设进行研究的国外学者是Naughton，其认为

## 上海小三线建设中的技术转移模式研究（1965—1988）

从1964年开始的三线建设经历了三个阶段，这期间，该建设的发展重心逐渐从西南地区转向了西北地区，直至1979年。Yang认为三线建设虽然对当地经济发展有一定正面影响，但其起因多是军事目的，经济因素在决策期考虑得并不多。Lewis从经济地理的角度认为三线建设时期中国的基础设施投资非常集中，1/3的重工业都被安置在了边境地区。Meyskens以铁路建设为视角研究了三线建设，尽管在三线地区铁路建设过程中存在巨大的资源浪费问题，但这也最终加快了中国西部地区工业化进程。Kendall从文化角度研究了三线建设时期中国文化艺术的发展。Zhou认为国家层面的三线通常被称为大三线，而省级层面的三线通常被称为小三线。Judith Shapiro以攀枝花市为例讨论了三线建设对自然环境的影响，认为三线建设期间中国忽视了因建设而破坏环境所要付出的代价。然而国外学者由于原始资料获取难度较大，其研究均存在一定局限，对三线建设的讨论普遍不够全面和深入。美国学者柯尚哲就曾毫不避讳地指出，三线建设的研究需要中国开放更多档案资料。

总的来看，学界对三线建设的研究主要集中在挖掘三线建设的历史背景、描述三线建设的发展过程和造成的后续影响。通过对这些成果的梳理笔者可以初窥三线建设，了解其历史背景和大致发展历程。但三线建设作为新中国历史上较典型的技术转移事件，目前学界以此为视角开展的研究屈指可数，仅有的两篇学位论文均是从科技哲学角度对这一问题进行了探讨，且未能深入，仅是从宏观层面对技术转移进行了讨论，对技术转移中核心要素的讨论不够充分。其中，蔡钰的《三线建设中的技术转移》围绕三线建设与技术转移问题，从技术转移的视角分析了三线建设的政治、军事、经济背景，对三线建设各发展阶段的基础工业技术、国防科技工业技术、交通邮电建设技术转移状态、转移的形式进行深入剖析。总结提出三线建设技术转移的基本模式，分别是技术载体转移模式、技术内容转移模式和技术功能转移模式。与本书相比，首先，其研究对象选取的是大三线建设，文中更是以贵州省的三线建设为研究案例。而本书选择上海小三线建设，案例也是聚焦上海小三线企业。其次，该文中所利用的史料多是宏观层面的年鉴和资料汇编，与本书中所利用的小三线企业档案资料区别较大。最后，结论部分虽都是研究三线技术转移模式，但该文结论是从三个视角总结三线建设的三类技术转移模式，更像是技术转移模式的一种分类方式，与本书的结论大相径庭。

### （四）上海小三线建设研究

目前小三线建设的研究对象涵盖了上海、河北、浙江、福建、湖北、北京、山东、湖南等省区市。刘建民是研究河北小三线建设的开拓者，其学位论文《论河北"小三线"建设》对河北小三线进行了较为翔实的研究，并认为小三线建设尽管存在诸如选址缺乏科学性、工人生活不便等问题，但对河北省相关行业的发展还是起到了积极作用。叶青和黄腾飞研究了福建的地理位置和战略定位对小三线建设的影响。葛维春和代祥对江西小三线建设的背景、选址、规划和建设作了简要概述。徐有威和张志军讨论了江西小三线在军转民时期的发展特点。宋银桂和岳小川以湖南小三线为例讨论了增产节约运动。

以"上海小三线"为关键词在中国知网进行检索后发现，较早开始研究上海小三线建设的是张永斌，其在《上海的小三线建设》一文中从上海小三线的筹建投产，再到最后的调整改造，分五个时期进行了论述，用大量详细的数据对上海小三线建设的成就进行了总结。徐有威是研究小三线建设的代表学者之一，目前其在档案资料方面出版了《小三线建设研究论丛》《新中国小三线建设档案文献整理汇编（第一辑）》等。此外，徐有威还收集整理了丰富的口述资料，参与编写了《口述上海：小三线建设》和《安徽池州地区上海小三线口述史资料汇编》。其中《新中国小三线建设档案文献整理汇编（第一辑）》系统梳理了全国小三线建设龙头企业——上海八五钢厂的企业档案文献资料，展现了上海小三线企业规划、建设、生产、调整、改革的全过程。《小三线建设研究论丛》是徐有威对小三线建设研究成果进行系统整理的重要出版物，其中相关专题研究共收录16篇，特稿收录收录8篇，手稿收录5组，专辑研究共收录28篇，口述史和回忆录共收录16篇，相关档案资料与研究共收录15篇，译稿收录3篇，"我和三线建设研究"收录17篇，同时还有相关活动记录、学术动态和其他各类文章共16篇。尤其是《小三线建设研究论丛（第五辑）》与本书相关性较强，前者收集了大量上海市协作机械厂的原始档案，包括建厂决策、职工生活、干部建设等，但未包括协作机械厂在生产过程中技术的改进和调整的档案资料。总体而言，上述资料对本书帮助较大。

笔者认为目前上海小三线建设的研究大体可分为三类。第一类是研究上海小三线建设的发展成效。目前学界基本肯定了上海小三线建设的积极作用，其中，段伟将视角聚焦上海小三线调整后的地方经济问题，认为安徽宁国正是通过对小三线移交资产的利用才随后实现了经济的腾飞。朱荫贵以上海支持帮助皖南地区小三线建设为例，分析了上海承担和推动小三线建设的具体状况，以及在其中的地位和作用。朱荫贵认为上海在皖南建设小三线工程，给当地的社会基础设施、生活条件、文化生活等多方面都带来了改变和改善。徐峰华以东至小三线基地为案例，研究了小三线企业与当地社会的各类关系。张胜和徐有威研究了安徽在接收上海小三线企业后的发展情况，其认为上海小三线企业在调整改造后大力改革、多措并举获得了较大发展。尽管因为各种原因最后效果并不理想，但这些企业对地方经济社会发展也有积极作用。

第二类是研究上海小三线建设微观个体的变化。陈玉玲和唐玲以上海小三线八五钢厂为例，研究了上海小三线建设企业中的青年职工思想政治教育工作，其认为小三线企业围绕青年职工开展的思想政治教育取得了良好效果，为企业发展和青年工人的成长提供了有力保障。李泰以上海小三线工人为案例，探讨了身份差异如何影响集体记忆的建构以及集体记忆在中国社会的演变趋势。邹富敏和徐有威以上海小三线建设为中心，研究了三线建设时期的子弟教育需求与师资供给。其认为随着三线建设的推进，随迁职工子弟和出生在三线的子弟人数逐渐增多。三线企事业单位采取内部抽调、发展家属和子弟学校自主招聘等方式，结合外部的师资分配和培训支援，在一定程度上填补了子弟学校的师资缺口，但并没有从实质上改善三线子弟教育的整体情况。邹富敏认为在上海小三线建设中，随着建设时间的不断延长，职工家属的随迁成为常态。出于稳定后方的考虑，上海小三线企业接收并吸纳了大量职工家属，在整个小三线社会形成庞大的家属群体，与此同时也在客观上增加了小三线企业在生活物资供应、与地方产生摩擦等方面的隐性压力。张东保研究了上海小三线职工的工作与生活状况，揭示了该群体在工资待遇、婚恋生活、子女教育、医疗卫生、人际交往及休闲娱乐等方面存在的诸多问题与矛盾。

第三类是研究上海小三线建设的社会影响。陈熙和徐有威研究了上海小三线建设期间大量人员从城市搬迁到皖南山区后再回调到城市的过程，其认为仅依靠行政动员而牺牲经济利益的做法致使小三线移民无法持久。徐有威和陈莹颖从医学社会史视角切入，研究了为满足后方医疗卫生需求，上海市卫生局与相关单位在皖南山区成立三级医疗卫生系统的历史过程。李云等认为上海小三线建设对皖南地方的基础设施、工农业、文化教育，以及现代文明等方面产生了深远影响，推动了当地经济的发展。黄华平和邢蕾以芜湖县兴修皖赣铁路为案例研究了三线建设时期党和政府运作民工筑路实态，认为三线建设时期为解决大规模铁路建设中劳动力不足问题，党和政府广泛动员和组织铁路沿线民工参与筑路。尽管这种模式下筑路工程质量差和安全事故多，但仍不失为特定历史条件下党和政府建设铁路的有效路径，在新中国铁路建设事业中具有重要实践价值。

通过对上述成果的梳理，笔者认为以徐有威为代表的上海小三线建设研究者的成果为笔者开展上海小三线建设研究奠定了扎实基础。这一系列成果一方面让笔者较为充分地了解了上海小三线建设的整体过程，另一方面让笔者认识到，对于以技术转移为建设方式、企业为发展主体的上海小三线建设来说，技术发展的研究是较为重要的一个话题，但目前学界从技术转移角度研究上海小三线建设的成果较少。

综上所述，学界从不同角度对技术转移和小三线建设作了大量研究，为笔者开展相关研究提供了必要的线索和议题。截至目前，学界对以技术引进为主的国际技术转移研究较多，国内技术转移的研究较少；对小三线建设的研究也主要聚焦在经济、社会等方面。小三线建设作为新中国历史上一次大规模的技术转移，随着研究视角和方法的转换，仍有可以挖掘的研究空间。本书希望在前人取得成果的基础上，结合所获取的有关资料，尤其是未被充分利用的小三线企业技术细节档案，以技术转移为视角，梳理上海小三线建设总体情况，总结其技术转移的不同模式，探究其技术转移模式差异化的原因，以期丰富相关领域的研究。

## 三　拟解决的问题与创新之处

### （一）拟解决的问题

以技术转移视角研究上海小三线建设有其可行性和必要性。

可行性。小三线建设是新中国历史上一次特色鲜明的技术转移事件，是新中国历史上的一次大范围国内跨区域的横向技术转移。目前学界对新中国技术转移和小三线建设的研究较多，为本书提供了一定参考，但以往对新中国技术转移的研究聚焦于技术引进，对国内技术转移的讨论较为缺乏；在上海小三线建设研究中，从社会史、经济史角度研究的较多，而从技术转移视角进行探讨的较少。因此，通过技术转移视角研究上海小三线建设有明显的学术价值。

必要性。上海小三线建设的核心在于上海将以军工生产为主的企事业单位转移到安徽南部和浙江西部山区，可以说，小三线企业的发展历程一定程度上就是上海小三线建设的历程。而企业发展和技术发展密不可分，所以对上海小三线企业主要生产技术的改进创新进行研究必不可少。通过从技术转移视角研究上海小三线建设，可以按照技术转移的流程全面梳理上海小三线企业的技术发展历程和特点，总结其技术转移的模式和差异，进而更为全面地理解和评价上海小三线建设。

基于此，本书将从技术转移视角出发对上海小三线建设进行研究，主要解决以下关键问题：①上海小三线技术转移的总体情况如何？②上海小三线技术转移模式有哪些，其内容和特点是什么？③在同一政策背景下，上海小三线技术转移为何会产生不同模式，其存在差异的内在原因是什么？

### （二）创新之处

本书的创新之处有以下三点。

新史料。本书利用了国内外学者此前没有充分利用的上海小三线企业技术档案，一定程度还原了上海小三线企业转移至安徽后技术改进与创新的史实。

新视角。本书从技术转移视角考察了上海小三线建设，梳理了新中国成立后这一极具代表性的技术转移的总体情况，总结了其技术转移模式并分析了其存在差异的原因，丰富了近现代中国技术转移和小三线建设的研究。

新结论。本书用技术转移的分析模式研究了上海小三线建设，在总结上海小三线建设技术转移模式后从技术转出方、技术接收方、技术特性和外部环境四个要素对比分析后提出了产生这一差异化的内在原因。

## 四 研究思路与方法

### （一）研究思路

本书以技术转移为视角，以上海小三线建设为研究对象，梳理上海小三线建设中的技术转移细节，总结其技术转移模式，评价其技术转移成效并找出技术转移存在差异化的原因。

在具体分析中，本书利用案例研究的方法，选取协同机械厂、协作机械厂和八五钢厂3个不同模式的代表性企业，按照技术来源、技术改进、技术消化吸收创新和本土化的逻辑梳理其技术转移过程，为总结上海小三线技术转移模式提供史实支撑。

选取协同机械厂、协作机械厂和八五钢厂作为案例的原因有两点。第一，这三者均是负责生产上海小三线建设主要产品的企业，其中协同机械厂和协作机械厂分别承担了新40火箭筒和新40火箭弹的生产任务，八五钢厂是上海小三线建设中规模最大的企业，负责生产五七高炮毛坯件及炼钢、轧钢、精密铸造等配套产品，三家企业自身有一定代表性。第二，协同机械厂、八五钢厂和协作机械厂档案资料相对较为丰富，可以较为全面地还原这三家企业技术转移历程。具体研究框架如下。

全书共分七个部分，除绪论和结语部分外，主体部分为五章。

第一章上海小三线技术转移的过程。本章从上海小三线技术转移的背景、主体和分期等方面梳理了上海小三线技术转移的整体过程，并介绍了上海小三线技术转移的三种模式。本章将回答上海小三线技术转移"为什么转""转移什么""往哪里转""怎么转移"的问题。

第二章单一技术改进模式——以协同机械厂为例。本章解释了以协同机械厂为代表的单一技术改进模式，介绍了协同机械厂的技术来源、对新40火箭筒技术改进的过程、对转移人员的技术培训以及技术转移后宁国县和上海重型机器厂对其的利用。本章将回答"单一技术改进模式的具体内容和特点是什么"的问题。

第三章联合技术创新模式——以协作机械厂为例。本章解释了以协作机械厂为代表的联合技术创新模式，介绍了协作机械厂的技术来源和技术承接工作、联合其他单位对新40火箭弹尾杆生产技术的创新及其在技术创新后对产品质量进行的管理，最后梳理了技术转移后各方对其的利用。本章将回答"联合技术创新模式的具体内容和特点是什么"的问题。

第四章本土化技术创新模式——以八五钢厂为例。本章解释了以八五钢厂为代表的本土化技术创新模式，介绍了八五钢厂的技术来源和承接后对五七高炮身管毛坯的试制工作、联合其他单位开展金属化球团技术的创新及相关技术的本土化，最后梳理了调整交接时期各方对其的利用。本章将回答"本土化技术创新模式的具体内容和特点是什么"的问题。

第五章小三线技术转移模式差异化的原因分析。本章将参考相关技术转移理论，从技术转出方、技术接收方及技术特性和外部环境四个要素对比分析上海小三线技术转移的三种模式。本章将回答"为什么在同一政策背景下上海小三线建设会有不同技术转移模式"的问题。

结语部分从技术转移与区域发展的角度评价了上海小三线建设，并与现今的长三角一体化发展战略进行对比，给出相应历史借鉴。

### （二）研究方法

第一，档案分析法。本书收集了和上海小三线有关的各类档案资料2000余份，全部阅读后筛选出研究所需的原始档案资料。

第二，文献调研法。笔者在研究过程中注意收集和本书相关的各类文献，以便加深笔者对该领域的了解和认识。

第三，案例研究法。本书选取三种技术转移模式的代表性上海小三线企业作为案例，从微观视角对其展开讨论。

第四，口述史研究法。口述史研究法作为一种独立的史学研究方法，在档案资料不足的情况下，可以较好地对部分问题的研究进行补充。

### 五　资料来源

原始档案文献是本书的重要资料来源。首先是上海市档案馆馆藏的关于上海市后方基地管理局、上海市后方机电公司、上海市后方轻工公司、上海市后方仪表电讯公司等卷宗档案；其次是上海小三线企业档案室所藏档案，包括原八五钢厂、协作机械厂、协同机械厂的企业档案，其中部分技术档案文献在目前各类研究中基本未被利用。市级档案馆所藏的管理部门档案与企业基层档案互为补充，不仅为本书提供宏观层面的历史论据，同时也使更为深入的历史研究成为可能。

在口述资料方面，笔者主要借鉴了徐有威编写的各类资料，包括《小三线建设研究论丛》《安徽池州地区上海小三线口述史资料汇编》《新中国小三线建设档案文献整理汇编》等，其中大量的原始口述资料对本书有一定帮助。

在报刊资料方面，《人民日报》《光明日报》《解放日报》等与小三线建设相关的文章也可以帮助笔者从另一角度了解当时的历史。

本书还参考了如《上海小三线党史》《地方军事工业》《上海八五钢厂大事记》《安徽池州地区上海小三线档案报刊资料选编》等内部资料和《孔从洲回忆录》《饶子建回忆录》《张珍回忆录》《上海小三线建设者回忆录》等三线建设者的回忆录。与小三线建设有关的地方志也是本书的重要资料来源。

由于本书涉及技术转移，故参考了包括《当代中国技术观研究》《中国技术转移与技术进步》《我国技术转移的理论与实践》《技术转移机理研究——困惑中的寻解之路》《技术转移体系建立理论与实践》等书籍。军事工业技术方面，笔者搜集了包括《高膛压火炮技术》《大型铸锻件缺陷分析图谱》《冶金工厂技术经济论证》《大型铸钢件生产》《冶金工业综合利用100例》等资料进行学习，力求对该领域有一定了解。

# 上海小三线技术转移的过程

## 第一章

三线建设是20世纪60年代中共中央为解决新中国面临的国内外诸多问题而提出的重大战略决策，是新中国历史上一次特色鲜明的技术转移事件。三线建设有大三线建设和小三线建设之分，本书所研究之上海小三线建设是上海响应国家号召，在安徽南部和浙江西部建设的以生产新40火箭筒、弹和五七高炮、弹等军工产品为主的综合性后方工业基地。本章主要讨论上海小三线技术转移的背景、主体和分期，进而充分了解上海小三线技术转移的整体过程，并结合史料总结提出上海小三线技术转移的三种模式，为下文研究做好铺垫。

## 一 上海小三线技术转移的背景

上海小三线建设是一次大范围、跨区域的技术转移活动，是上海根据中共中央在20世纪60年代提出的关于加强备战、巩固国防的三线建设战略部署，于1965—1984年在安徽南部和浙江西部建设的以生产新40火箭筒、弹和五七高炮、弹等常规兵器为主的后方工业基地。

### （一）国家三线建设的历史背景

#### 1.新中国存在的产业问题

中国在经历19世纪60年代的近代工业化后逐步形成了一些工业基础，但在抗日战争时期遭到了日本的侵略和破坏，工业生产力普遍衰退。国民

19

党发动的内战更使中国工业每况愈下，东北、华北等工业区的资本设备多被毁坏，近代工业化并没有给新中国留下太多遗产。当时中国的工业水平与1928年的苏联相比有一定差距，甚至还落后于同一时期的印度。人口众多、底子薄弱、经济落后的农业大国成为新中国工业化道路的起点。1949年新中国成立后开始了社会主义工业化进程。1949—1952年是新中国国民经济恢复时期，也是在这一时期中共中央确定了优先发展重工业、建立独立完整工业体系的目标。但"平地起高楼"谈何容易，1949年中国工业总产值为140亿元，仅占国民总收入的12.6%。与此同时，新中国的工业化程度同样不尽如人意。1949年，中国重工业产值为37亿元，仅占工业总产值的26%；机械工业也多依赖进口，工业基础的薄弱导致多数行业始终处于半机械化甚至手工化状态，以农业为例，拖拉机、联合收割机、农业排灌用内燃机及机动脱粒机等机械未能在农业生产中被使用。在这一困难局面下，中国与苏联签署了《中苏友好同盟互助条约》，苏联对中国进行全方位援助。以"156项工程"为例，苏联在14个重点工业领域援助了新中国156个项目。工业布局上，苏联援建的项目大多被安置在中国东北、中部和西部地区。重点发展内地工业的目标也促进了一批工业城市的崛起，兰州、抚顺等成为石油化工基地，石家庄成为医药工业基地，太原成为化工工业基地，洛阳、武汉、成都等成为机械工业基地。可以说，在中国工业基础极端薄弱、建设经验近乎空白的情况下，苏联的援建对中国快速实现工业化起到了至关重要的作用。

**2.新中国面临的外部压力**

新中国经过几年的恢复调整和苏联援建，国民经济得到快速发展，但复杂的国际形势还是威胁到了中国原本的经济发展路线。第一，美国在朝鲜战场失利之后，企图重新武装日本和中国台湾作为侵略亚洲的根据地。第二，印度作为中国的近邻，其为转移国内矛盾，反复在中印边界制造摩擦。1959年3月13日印度更是直接将军队派驻在中国边境。第三，中苏关系的破裂。1957年中苏签订了原子能工业的合作协议，苏联承诺在原子能工业和核武器方面提供技术援助。但随着苏联对中国部分行为的不满，单方面中止了对中国的核援助。中苏关系产生裂痕后，苏联一方面在中国新疆伊犁哈萨克自治州地区开展挑衅性、分裂性宣传活动；另一方面于1963年与蒙古国签署了《关于苏联帮助蒙古加强南部边界的防务协定》，主动调遣部队到中苏边境，对中国的北部边界安全产生了威胁。

此外，当时中国70%的重工业分布在沿海地区。虽然其间通过"156项工程"进行了工业布局的调整，但受"大跃进"的影响，中共中央平衡工业布局的想法被搁置。20世纪60年代中国60%的民用机械工业、50%的化学工业和52%的国防工业均集中在少数城市。面对种种不利因素，如何备战成为中共中央首先要考虑的问题。

### 3.新中国面临的国内矛盾

旧中国在长期战争和腐败政治的影响下始终保持人口众多、经济落后的半殖民地半封建状态，但因受帝国主义、封建主义和官僚资本主义的压迫，新中国工业经济发展缓慢。1933年全国工农业总产值仅为249.55亿元，属于传统农业手工业的生产总值占87.7%，近代工业仅占12.3%。面对经济基础较差、分布不均的现实情况，1949年11月29日召开的全国政协一届常委会第二次会议明确了"三年五年恢复，十年八年发展"的总体设想，1949—1952年的国民经济恢复期，工业全员劳动生产率平均每年增长11.8%。

但是，新中国工业结构的问题也逐渐暴露。以1952年为例，全国人均国民收入104元，第一产业在国民收入中所占比例超过半数，就业比重也达到了83.54%，整个国民经济处在不发达经济阶段的初期。第一产业劳动力比重除东北的吉林和黑龙江低于全国水平外，其他地区均高于全国平均水平。第二产业占比全国平均水平为23.09%，其中只有黑龙江省超越全国平均水平达到32.83%，吉林省较为接近，为27.42%，其余省份均落后于全国平均水平。安徽、江西、湖南等中部地区甚至只有全国平均水平的一半。可以说，新中国成立初期除吉林、黑龙江等较少地区有一定工业基础外，大部分地区仍是以农业为主。

### （二）小三线建设决策的形成

面对严峻的国际国内形势，中共中央从国家安全和优化工业布局的角度出发，启动了三线建设计划。1964—1980年，中共中央在全国十几个省份展开了一场以战备为核心、以工业交通和国防科技为重点的大规模基础设施建设。所谓"三线"，是指将国土由沿海和边疆地区向内陆划分为三条线。一线是指沿海和边疆地区，三线包括西部七个省份，以及湖南、湖北、河南等内陆地区，而二线是介于一线和三线之间的中间地区。

1964年6月，毛泽东同志提出"每个省都要有一、二、三线嘛"①，1964年11月又提出"要争取快一点把后方建设起来，三五年内把这件事搞好。把大小三线搞起来"②。同年12月国务院国防工办在北京召开小三线建设计划会议，研究落实小三线建设。随即，在中共中央、国务院批转《关于一二两线各省、市、区建设自己后方和备战工作的报告》《关于安排一二线省、市后方建设规划的报告》等文件后，全国范围内的小三线建设逐步开展起来。截至1981年，国家累计在小三线建设中投资了29亿元，占国家总投资的54%，建立了268个小三线军工单位，255家已投产，在建工厂9个，仓库3个，研究所1家。小三线全体职工28万人，设备37000台，累计投资31.5亿元，上缴利润12.6亿元。生产主要军品104种，其中2种产品分别荣获国家金质奖和银质奖，14种产品荣获部优质产品奖。累计生产各种火炮10.2万门，各种枪械843.9万支及相应的弹药；生产的民品有电子设备、民用机械、纺织机械、矿山机械、汽车、轻工产品等。

其中，上海作为当时中国最大的工业城市，肩负起了支援建设后方的重任。当时国家计委及有关部门陆续给上海下达了342个搬迁项目，涉及458个工厂。起初两年上海整体搬迁工作进展较快，共计完成了304个项目，动员范围涉及17个专业局、411个工厂、90000多名干部职工和

---

① 中共中央文献研究室编《毛泽东年谱（1949—1976）》第五卷，中央文献出版社2013年版，第359页。

② 同上书，第538页。

26000多台机器设备。同时，还有上海小三线的55个项目，涉及64个工厂、27000多名干部职工和1300多台机器设备。这一时期，上海支援内地建设的人数共达15万余人。本书所研究之上海小三线建设是全国小三线建设中规模最大、人员最多、门类最全的，是上海在安徽南部和浙江西部建立的小三线后方基地。

## 二　上海小三线技术转移的主体

上海小三线技术转移的主体内容是在南京军区、中共华东局和上海市委的集体决策下确定的。其中，南京军区负责统筹上海小三线建设的各项工作，上海市承担小三线建设的具体任务。

### （一）饶子健与技术转出方的决策

上海小三线建设是上海在遵循中共中央、国务院、中央军委的指示精神及南京军区、中共华东局的总体部署下开展的。饶子健作为时任南京军区副司令，统筹负责了上海小三线建设的各项工作。饶子健于1960年被任命为上海警备区司令员，同时担任中共上海市委常委、上海警备区党委第三书记。1965年10月，其被任命为南京军区副司令员。1968年，饶子健赴北京参加国务院召开的小三线会议。饶子健回忆，"会议期间，周恩来总理接见了我，他紧紧握着我的手说：南京军区国防军工生产要多出力，承担高炮生产任务，动员线、'小三线'要一起上，争取早上马、多生产"[1]。会后南京军区为加快三线建设的完成，于1968年底成立了南京军区国防工业领导小组，吸收南京军区下各省市、各省军区、警备区的负责人和南京军区有关部门负责人参加，饶子健被任命为领导小组组长。

上海开始建设小三线时，饶子健在遵照中共中央整体方略的前提下结

---

[1]　《饶子健将军》编写组编《饶子健将军》，上海人民出版社2011年版，第189页。

合当地情况对上海小三线建设的总体基调进行了明确。首先，在选点方面，他认为"山、散、洞"并不是盲目选择山沟越深越好、越分散越好，而是要根据划定的地区，按照工厂性质和生产工艺流程，结合当地水源、电力等实际情况，适当相对集中，合理布局，以避免占用良田。例如，他对要搬迁的负责生产高炮的五个厂的厂址进行了合理规划，使其在一条公路连接的情况下实现了集中布局，从而节省了经费，减少了工厂生产和职工生活的麻烦。其次，饶子健对当时提出的"边设计、边施工、边生产"的原则提出了异议并进行了相应修改。他认为，在选定地点后，应先搞好"三通一平"（通水、通电、通路和平整场地），同时加紧设计工作。待三线厂基本建成后，再搬迁厂内的设备和人员。这样的做法既能保证建设的质量，又能确保生产的质量，从而有效推动工程的进展，保证生产的顺利进行。最后，饶子健强调要狠抓产品质量，针对规章制度松懈、产品质量下降的问题，他多次强调抓质量必须有狠劲。饶子健的一系列决策，为后期上海小三线建设明确了方向。

### （二）罗白桦与技术接收方的选择

罗白桦是安徽贵池人，先后担任皖南军区政治部副主任和南京警备部队政治部副主任，对安徽南部的情况较为熟悉。其1953年调任上海，先后担任了上海市建筑工程局局长、上海市建设委员会副主任和上海市人民委员会公用事业办公室副主任等职。

1964年中共中央指示在三线地区进行大规模新建和扩建的同时，要求从一线往内地搬迁一些工厂、设备和技术力量，以尽快建成战略后方基地，完成备战任务和改善工业布局。1965年5月10日，上海积极响应，在上海市委统一领导下组建了后方建设选点小组，由时任上海市公用事业办公室副主任的罗白桦带队到皖南、浙西、赣东等地勘察了解，并于5月22日在黄山组织了选点小组讨论会，专题研究上海后方建设规划。罗白桦回忆，"我们在徽州地区察看后又去了宣城和池州地区……，回沪后我们认为上海小三线应以徽州地区为中心来建设。宋季文说，一切按照曹荻秋意见办，并同意我们察看后的具体设想"①。同年10月11日，上海市委成立了由罗白桦担任主任的后方229指挥部，负责上海在安徽、浙江、江西部分地区建设后方基地的前期准备。经过一个多月的实地调研，以罗白桦为主任的指挥部对安徽、浙江、江西18个单位的布点提出两个方案，并于11月19日向上海市委、市人大作了全面汇报。时任副市长宋季文代表市委肯定了在屯溪至祁门一线安置小三线单位的方案，至此上海小三线技术转移接收方案正式明确。

最终将小三线布局在安徽的原因，一方面可能是因为负责此项工作的人是安徽人，如当时在上海市主持工作的柯庆施是安徽歙县人，负责后方选址的罗白桦是安徽贵池人。另一方面可能是因为安徽较江西等地离上海更近，交通运输和日常生产更为方便。时任上海市副市长陈锦华回忆，"上海小三线的选址可以选择浙江，也可以选择江西，但为什么选择安徽的皖南呢？我觉得是因为皖南离上海终究近一点，交通也比较方便。顺着长江就可以到皖南，公路也可以到皖南。我觉得还有个背景，可能跟柯庆施是皖南人有很大关系……柯庆施为了抢救徽剧不让它消亡，特地把徽剧组织到上海来参演……我由此分析，柯庆施对皖南小三线建设夹有乡情，似乎也在情理之中"②。

### （三）转移技术及转移模式的确定

上海小三线建设中转移技术的确定经历了两次集中讨论。第一次是在1965年5月至1967年2月，是上海制定小三线建设第一次、第二次规划的时期。这一阶段的指导思想是从备战的需要出发，按照保存精华的原则，将上海有关"四新"和尖端技术研究工作中的精华部分及基础工作安置在上海后方，以上海现有企业一分为二，以老带新；项目的规模力求小而精，

---

① 中共安徽省委党史研究室编《上海小三线建设在安徽口述实录》，中共党史出版社2018年版，第38页。

② 中共上海市委党史研究室、上海市现代上海研究中心编《口述上海：小三线建设》，上海教育出版社2013年版，第3—4页。

先设立足点，然后由小到大，逐步发展。第二次是在1967年3月至1975年，是上海制定小三线建设第三至第六次的规划和调整的时期。1966年5月，"文化大革命"影响到了全国大三线和小三线建设。上海由于区域内"文化大革命"的压力被迫调整了小三线建设计划，决定从江西小三线的项目中划出一个40火箭筒厂和火箭弹厂，改为上海小三线的工厂，并将一个手榴弹厂从上海市郊松江县迁到皖南山区。与此同时，上海市委作出调整规划和迁建计划的决定，明确上海后方建设必须坚决贯彻执行"备战、备荒、为人民"的战略方针，从备战出发，建立一个能够坚持战争，支援战争，为战争服务的打不烂、拖不垮的后方基地，同时，迁建一些必要的相应配套项目。至1974年，上海小三线除火炸药五个厂还在基建、尚未投产外，已建成和基本建成投产的有47个工厂，转移各类人员41000多人，各种金属切削机床设备3600多台，载重汽车1200余辆。直至1975年，上海小三线才完成全部迁建工作。

至此，上海小三线建设在经历了六次规划调整后最终确定了包括81家企事业单位在内的建设方案。这些企事业单位除协作机械厂在浙江省临安县外，其余80个单位全部分布在皖南12个县市内，纵横间距约300千米（见图1-1）。转移的技术以新40火箭筒、弹，五七高炮、弹的试制和生产技术为主，辅以钢材、电子元器件等配套产品的生产技术。

此外，虽然上海小三线建设整体上实现了多领域的技术创新，其中，共有43项技术革新分获国务院、兵器工业部、上海市等单位的表彰，但由于不同企业所处地区、所承接技术均有不同，其在技术转移后的技术改进和创新模式也各有不同。小三线建设作为新中国成立以来的一项重要横向技术转移活动，其核心问题是，小三线建设是在中国特殊国情下出于备战考虑而采取的技术转移过程，对当时中国中部地区的发展具有重要意义。特别是在技术方面，通过对"156项工程"的技术转移，中国力图实现进一步的技术革新和技术的本土化，但小三线建设的技术特性和建设目标影响到了其技术转移的效果。从技术本身来说，以协同机械厂为代表的小三线企业其技术基础相对稳定，即在某些情况下，原始技术已经相对成

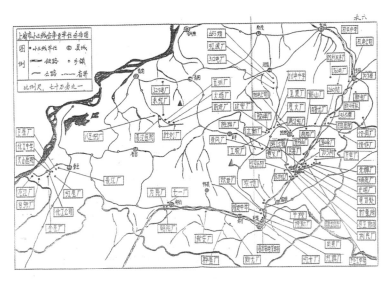

图 1-1　上海小三线单位分布

熟，需要的只是一些小的改进和优化，以适应新的生产环境或提升产品质量。此种做法也更容易让企业在短期内实现成果。以协作机械厂为代表的小三线企业的某些技术可能需要多个领域的专业知识才能完全发挥其潜力。通过与其他单位进行合作，可以整合各方的专业知识和资源，实现技术的全面创新。特别是某些技术难题可能需要多方共同合作才能解决，特别是涉及复杂的工程或科技项目时，多单位联合的方式可以有效提高解决问题的效率。以八五钢厂为代表的小三线企业中的某些技术问题可能是特定地区或单位所特有的，需要在本地进行针对性的创新，以解决这些问题。故其在技术转移后必须考虑目标地的特定环境和需求，通过本土化技术创新，可以更好地传承和应用技术，促进当地产业的发展和升级。

基于此，笔者认为小三线技术转移模式在不同企业中必然存在差异，且围绕技术本土化这一主线，技术转移模式可以分为三种，即单一技术改进模式、联合技术创新模式和本土化技术创新模式。其中，单一技术改进模式指依托企业自身实力实现了承接技术的改进，主要包括以协同机械厂、五洲电机厂在内的上海小三线企业；联合技术创新模式是指借助外单位的技术力量，在技术改进的基础上实现了一定程度的技术创新，主要包括以协作机械厂、万里锻压厂在内的上海小三线企业；本土化技术创新模式是在上述两种模式的基础上更进一步的发展模式，不仅实现了技术的改进创新，同时也做到了基于承接地实际情况对技术进行调整，并广泛应用于当地生产中，主要包括八五钢厂、新光金属厂在内的上海小三线企业。

## 三　上海小三线技术转移的分期

上海小三线建设从1965年选点筹建到1988年调整结束历时24年，总体可分为四个时期，分别是基本建设时期、产品生产时期、军民融合时期和调整交接时期。

### （一）上海小三线基本建设时期（1965—1971年）

上海小三线规划方案中规划项目的总平面设计是由南京军区决定并经上海市计委下达给各包建局，由各包建局组织设计、测量、施工人员和包建单位的领导干部及技术、管理人员奔赴皖南山区规划点进行现场设计。其中，工厂单位主要由上海市第一机电工业局、上海市仪表电讯工业局、上海市轻工业局、上海市冶金局、上海市化学工业局、上海市建筑工程局、上海市交通运输局等负责包建，水电、医疗、卫生、运输等单位则由上海市物资局、上海市交运局、上海市卫生局、华东电管局、上海市电信局等负责包建。负责基础建设的主要施工队伍包括上海建工局旗下的建筑公司、安徽地方建筑公司及地方民工。这期间60多家小三线企业的基本建设全部完成，其中42家企业已经开始按照规定任务进行生产，上海后方基地已初具雏形。

### （二）上海小三线产品生产时期（1972—1978年）

1972年上海小三线后方建设基本完成，主要产品生产步入正轨。1973

年8月6日，上海市革命委员会工交组和上海市国防工办联合发布了《关于上海后方基地所属单位组织领导关系的通知》，正式设立了上海后方基地党委。通知明确规定，后方基地党委和革委会共同领导小三线所属单位的革命和生产建设事务。同时，上海各相关业务局仍继续负责解决所属单位在生产和建设方面的问题，以确保生产和建设工作正常有序进行。这一时期，包括新40火箭筒、新40火箭弹，五七高炮、五七高炮弹在内的上海小三线军工产品的试制生产与技术改造层出不穷，较好地完成了国家下达的军品生产任务。

### （三）上海小三线军民融合时期（1979—1984年）

1978年前后国防经费压缩，军工生产任务急剧下降，民品项目一时接不上，后方企业生产经营遇到了困难。邓小平同志明确提出"军民结合、平战结合、军品优先、以民养军"的十六字方针，保军转民工作开始。1981年10月，上海按照"着重进行生产结构的调整，适当保留军品主要生产线，变单一军品生产为军民结合的生产结构"的原则，引导小三线企业由封闭式的军工生产向开放型的"军民结合"生产发展，其间上海对后方小三线17家军工厂进行了调整，撤销了5家，保留的12家中也只有3家继续完成军品生产任务，其余均转产民品。

### （四）上海小三线调整交接时期（1985—1988年）

1982年9月，中共中央对三线建设提出"改革、开发、搞活"的方针。1983年12月3日，三线建设调整改造规划办公室的成立标志着全国三线建设全面调整改造工作正式开始。上海从1984年下半年起组织上海市社会科学院相关人员深入小三线建设地区调查，并提出初步的调整规划，即将小三线企业按照联营合作的方式，将其全部拉回上海进行调整改造，但在安徽表明态度后上海重新调整了原先规划。1985年1月24日，时任上海市市长汪道涵带队与时任安徽省省长王郁昭一行商谈上海在皖南小三线的调整事宜。经讨论双方于同年1月28日签订了《关于上海在皖南"小三线"

调整和交接的商定协议》。同年4月国务院同意上海和安徽的交接协议，上海小三线的移交工作正式开始。至1988年上海将后方小三线大多数固定资产和流动资金无偿移交给了安徽，其余人员返回上海。[①]

整个上海小三线建设从1965年选点到1988年调整结束历时24年，其间共投资7.52亿元，职工54437人，先后建成了五七高炮、五七高炮弹和新40火箭筒、新40火箭弹为主体的12条军品生产线。至1990年底累计创造工业产值63.4亿元，上缴国家税利9.36亿元。

## 四 本章小结

上海小三线建设是上海响应国家三线建设号召，于1965—1988年在安徽南部和浙江西部建立的后方工业基地，是一个大规模的横向技术转移活动。技术转出方为上海，其间一切决策部署是在以饶子健为组长的南京军区国防工作领导小组统一指挥下完成的。技术接收方是安徽南部12个县市和浙江西部临安县，是以罗白桦为代表的上海后方建设小组考察后，经上级部门批准后所决定的。转移的技术以新40火箭筒、弹，五七高炮、弹的试制和生产技术为主，辅以钢材、电子元器件等配套产品的生产技术。转移技术的落地主要是由包括上海市第一机电工业局、上海市仪表电讯工业局、上海市轻工业局在内的14家上海市专业局包建完成的。从整体上看，上海小三线技术转移的要素基本相同，差异化则体现在了不同企业的地理分布和生产技术的改进程度上。基于此，上海小三线技术转移模式可分为单一技术改进模式、联合技术创新模式和本土化技术创新模式三种。

---

[①] 其中浙江临安的协作机械厂的绝大部分资产未能移交给临安县。

# 单一技术改进模式
## ——以协同机械厂为例

## 第二章

单一技术改进模式是上海小三线技术转移模式的其中一种，协同机械厂（9337厂）是这一模式的代表企业之一。协同机械厂是由上海电焊机厂和上海鼓风机厂在安徽宁国包建的、以新40火箭筒为主要产品的上海小三线军工企业。本章将重点从协同机械厂的技术来源、技术改进、技术人员培训和技术转移的实效四个方面讨论协同机械厂的技术转移历程，总结单一技术改进模式的内容和特点。

## 一　技术的来源和管理

在技术转移中，设备和人员是转移技术的重要载体。协同机械厂作为上海在安徽宁国迁建的军工企业，其所拥有的设备和人员均从上海转移而来。本节将重点讨论协同机械厂的技术来源。

### （一）设备的选择与使用

按照上海小三线建设的统筹安排，协同机械厂由上海电焊机厂和上海鼓风机厂两家单位负责包建。其设备、人员均由包建厂提供。

设备方面，上海电焊机厂和上海鼓风机厂根据第五机械工业部（以下简称五机部）第五设计院于1966年8月规定的75无后坐力炮及40火箭筒工厂设计初步定型设备的要求进行了设备的选择。在选择过程中，上海电焊机厂和上海鼓风机厂基于协同机械厂所需生产产品的工艺性能和设计需求，在确保设备能够满足生产需求为第一原则的前提下，一方面考虑了产品试制生产中所需要的各类机床设备，另一方面考虑了可能会使用一些非标准设备，以便协同机械厂开展特定的试验或生产。这些非标准设备是根据协同机械厂生产中的具体需要进行制造的。此外，由于南京军区给协同机械厂的生产任务是新40火箭筒，热处理设备就成为上海电焊机厂和上海鼓风机厂必须考虑的。由于热处理需要外厂临时协作，因此，在最初的设备选择过程中上海电焊机厂和上海鼓风机厂并未考虑该环节的使用设备，而是选择在上级确定协作厂对象后再根据协作厂的设备情况，按需提出相应的设备补充计划。

但在设备搬迁中，协同机械厂同样遇到了各类问题。例如，472型坐标镗床是协同机械厂的必需设备，但该设备的主要来源——上海电焊机厂不仅承担了包建协同机械厂的任务，还需要支援成都电焊机厂，其中，472型坐标镗床就被列入了支援成都电焊机厂建设的设备范围。这台设备支援内地后将导致协同机械厂已经决定的军备生产任务和已经承接的部分军工非标准任务的工艺装备无法制造。所以上海电焊机厂向上级部门报告，要求国家分配一台，或者将该台设备暂留于厂内，等分配新的设备到厂后再调给成都电焊厂使用。最终该项方案得到了上级部门的批准，协同机械厂所需设备才基本配齐。

总体而言，上海电焊机厂和上海鼓风机厂在有关协同机械厂的设备选择和使用上是根据产品工艺性能要求和合作厂的设备情况来进行的。随着设备的不断搬迁，协同机械厂得以顺利开始试制工作。上海电焊机厂和上海鼓风机厂作为包建单位，为协同机械厂提供了必要的设备支持。

## （二）技术人员的来源与配置

协同机械厂技术人员的来源分两部分，一是从上海电焊机厂和上海鼓风机厂两家单位搬迁而至，二是从北京547厂借调而来。

首先，协同机械厂最初设计时总人数为73人。然而，随着建设和运营的不断推进，协同机械厂的实际情况发生了变化，为了适应建设和生产的需要，后将总人数增至121人。与此同时各部门人员也进行了相应调整。根据扩充后各部门的人员情况来看，政治部、厂部行政办公室、财务科等属于管理和支持类部门，而生产计划供应部、车间行政管理部、检查监督科、设计技术工艺科等属于技术和生产类部门，其人数较多，体现了对于技术研发和生产制造的重视和投入。设备动力科、人事保卫科等也具有重要职能，其合理配置有助于保障设备运行和人员安全（见表2-1）。从协同机械厂的人员调整和扩充可以看出：一方面，随着协同机械厂的生产任务越发繁重和紧迫，对人员数量和素质的要求随之增加；另一方面，在技术转移的过程中人员配置并不是一成不变的，而是会随着实际情况对人员配置和组织结构进行持续的调整和优化。

表 2-1　协同机械厂职工分配情况

| 序号 | 部门 | 设计初的考虑 | 实际情况的需要 |
|---|---|---|---|
| 1 | 政治部门 | 7 | 10 |
| 2 | 厂部行政办公室 | 8 | 13 |
| 3 | 财务科 | 4 | 5 |
| 4 | 生产计划供应科 | 12 | 19 |
| 5 | 车间行政管理部门 | 5 | 5 |
| 6 | 检查监督科 | 3 | 7 |
| 7 | 设计技术工艺科 | 11 | 12 |
| 8 | 设备动力科 | 3 | 8 |
| 9 | 人事保卫科 | 2 | 5 |
| 10 | 服务部门 | 18 | 37 |
| | 合计 | 73 | 121 |

其次，协同机械厂的主要生产工艺源于北京547厂。1965年初上海电焊机厂在接到上海市革委会在安徽宁国包建协同机械厂的通知后，为迅速了解新40火箭筒的制造流程，第一时间派遣了技术人员前往北京547厂进行为期约20天的考察和学习。当时的北京547厂除支援上海外，还需要为石家庄、张家口、徐州、昆明、江西、北京六个地方提供人力和物力支援。因此，上海电焊机厂于1965年4月底5月初与北京547厂进行协商，确定由

北京547厂支援上海5名技术干部和6名工人。其中，5名技术干部中的2人当场将户口迁入了上海，另外3人则进行了短期的学习和培训，以便更好地理解产品的制造工艺。这批技术人员于6月底全部完成了对新40火箭筒制造工艺的学习和技术资料的收集。

然而，在准备阶段却遇到了一些问题。尽管这些技术人员具备丰富的技术和管理经验，但由于五机部关于军工企业人员调动的最新指示，北京547厂无法直接向地方企业提供支援，这给上海电焊机厂的包建工作带来了困难。例如，负责热处理工艺的技术员浦子礼在军品热处理方面拥有一定的专业知识水平，然而由于五机部"一纸命令"的限制，无法按时支援协同机械厂。北京547厂生产车间副主任邵忠修在产品制造方面积累了丰富的实际经验，自1956年开始试制以来一直在为该产品的工作提供支持，并掌握了新40火箭筒的全加工过程。后续在上海电焊机厂请示上海市革委会后，这批技术人员顺利抵达上海，参与到协同机械厂的建设中。

从技术转移的视角来看，协同机械厂在引入新40火箭筒制造工艺的过程中，充分利用了包建厂的资源，通过派遣技术人员进行学习和培训，得到了北京547厂的经验和技术支持。尽管面临北京547厂支援限制等困难，但协同机械厂通过合理安排和利用现有资源，积极应对问题，确保了试制工作的顺利进行。

## （三）技术制度的建设

协同机械厂在面对建厂后生产秩序较为混乱的状况时，以时任厂长宋元田为代表的厂革委会组织建立了协同机械厂技术制度，逐渐恢复了正常的生产秩序。本部分将重点讨论协同机械厂在技术转移后进行的技术制度建设。

### 1.建厂初期的管理问题

1967年，全国范围内的企业管理秩序较为混乱，规章制度废弃，工厂的生产、技术、财务陷入困境。面对全国范围的质量冲击，国务院、中央军委、国防工业部曾多次设法进行补救，周恩来同志提出整顿国防工业秩序，强调"军工产品质量第一"。1969年五机部在北京召开"6911"会议，协同机械厂生产组吴凤高参会。会议通报了中苏边境紧张的战备形势，并特别对协同机械厂主要产品——40火箭筒的改进作了明确指示，即"生产上总的要求是要抢时间，全面并超额完成1970年任务，同时千方百计生产尽可能多的、质量良好的常规兵器"[①]。回厂后，生产组吴凤高作为参会代表将会议精神对宋元田进行了传达。

　　1969年协同机械厂试制40火箭筒成功后，产品质量一直无法继续提高，废品率逐年增长。1970年，宋元田组织召开生产会议，指出协同机械厂的生产任务非常艰巨，按照厂内现有情况不仅大产品完不成，小产品也有完不成的风险，同时认为工艺不齐和工艺管理不严是造成产品报废的一个主要问题。自试制成功后的两年多时间里，加工工艺一直不全，有些工艺甚至锁在工具箱里，只有少数人知晓，导致工人无法按照正确的工艺操作，从而产生了许多质量问题。此外，在许多工艺加工过程中，工人没有按照工艺要求进行操作，首件检查工作不到位，导致产品不过关，部分批次甚至全部报废。还有由于工艺装备方面的问题引起的报废，主要表现在应有的工夹具不全、质量不好，尤其是一些专用量具和通用量具尚未备齐。在某种关键的螺纹量具方面，甚至只是使用而没有检修，损坏后就直接使用新的，因此导致加工的零件时常出现不合格的情况。最后是由于管理混乱、制度不全造成的质量问题。零件流转制度没有建立，导致工人对产品从投产到出厂的情况无法掌握，报废产品也无法追责和核算。此外，工厂人员请假较多，许多生产任务由于无人操作而导致生产进度拖缓。可见在转移初期协同机械厂在新40火箭筒生产上存在诸多质量问题，原因也是多方面的，包括工艺不齐、工艺管理不严、操作不规范、工艺装备不全、管理混乱等。这些问题严重影响了协同机械厂的生产质量，给工厂的正常运转和发展带来了挑战。

　　为完成国家部署的生产任务，协同机械厂在1970年的生产计划中明确

---

① 徐有威、陈东林主编《小三线建设研究论丛》第三辑，上海大学出版社2018年版，第58页。

提出需要建立和逐步健全必要的有关制度。1971年起生产管理、技术管理和产品质量检验等技术制度逐步建立。

**2.技术制度的逐渐完善**

1972年4月27日协同机械厂召开全厂誓师大会，宋元田在会上对协同机械厂所面临的生产问题进行了剖析，特别强调了协同机械厂需要完善技术制度，进一步提升工厂的生产管理水平和技术实力。

为实现这一目标，协同机械厂首先在生产管理方面进行了调整。具体而言，厂内设立了由生产组管辖的生产计划、供应、劳动工资财务及技术四条工作线，每条生产线由一名副厂长负责。其中，生产计划制订由齐贵臣等人负责，供应工作由宋培清负责，劳动工资财务工作由赵秀珍和史久兆共同承担，而技术工作由姚菊明主持。协同机械厂的这一调整，强化了各项工作的责任分工，确保了每个工作环节都能得到妥善处理。此外，大会还强调了对各部门制度的制定要求。各部门被要求制定必要的管理制度，全面考核产量、质量、产值、原材料、劳动生产率、成本等多项关键指标。这一举措的背后，体现了协同机械厂在转移后对质量和效率的高度重视，同时也体现了厂内逐步建立规范化管理的努力。

总的来看，协同机械厂召开的全厂誓师大会不仅剖析了工厂面临的问题，更揭示了厂方为改善技术制度所作出的有益探索和改革。这一重要举措，为协同机械厂此后的发展奠定了坚实基础，也为工厂对转移技术的利用注入了新的活力和动力。

（1）生产管理制度的规范

1972年，协同机械厂革委会规定，革委会主任在总抓厂各项工作的同时，还要负责检验系统的工作，要求有一个副主任抓生产、技术系统的工作，并对每个生产环节的关键岗位作了详细规定。

首先，明确了不同工种的岗位职责。早期协同机械厂的工人对自身所要负责的工作内容较为模糊，导致生产过程中出现了一系列质量和效率方面的问题。为解决上述问题，协同机械厂对不同工种的岗位进行了规范。第一，针对负责工装测试的工人，要求其在工作中认真阅读技术文件，根据零件精度合理选择测定方法，以确保工装制造和定期复查任务按期完成。同时，要求其在操作仪器前要全面检查仪器，一旦发现异常情况要立即停止使用并进行故障排查。第二，为保证零件和专用工具质量，规定工具必须经过白玉油打磨后方可使用。责任事故发生后，工人需要主动承担责任，同时保持现状并上报生产车间。对于基准量具仪，协同机械厂强调工人要严格遵循维护保养要求，包括清洗上油和妥善保管等。工作结束后，工人还要整理周围环境并注意保密保卫工作。第三，对于工艺技术工人，要求其在深入车间前详细了解设备性能和加工要求，编制工艺时要充分了解相关标准和图纸，以保证工艺编写得通俗易懂和简明扼要。第四，对于技术质量员，强调其要时刻关注质量指标的完成情况，协助班长分析废品产生原因并制定改进措施，同时积极参与技术革新的组织工作。通过上述做法，协同机械厂内不同工种的岗位职责得到明确界定，工人在各自的岗位上按照要求履行职责，有效解决了生产过程中出现的问题。工装测试工人能够根据技术要求进行工作，仪器操作更加规范，零件和工具质量得到保障，责任事故的处理更加迅速和有序。工艺技术工人编写的工艺更加精确，提高了生产效率和产品质量。技术质量员积极参与废品分析和改进措施的制定，促进了产品质量的提高。

其次，对生产设备的管理进行了规范。协同机械厂着重强调了设备的定机定人原则，以确保每台设备都有专人负责，进一步提升设备管理的效率和质量。规定在设备使用前15分钟，工人要对其进行彻底清扫，以确保设备处于良好的工作状态。此外，每周各生产班级要进行相互检查，每月还有领导进行专门检查，以确保设备的正常运行和安全性。一旦发现设备故障，工人需要及时向检修组反映并协助其进行修理，以缩短生产中的停机时间。在设备安全方面，协同机械厂建立了一套严格的应对措施。若发生设备安全事故，工人则需要立即报告车间、小组及设备安全员，进行详细分析，并填写事故报告单。情况严重的，生产组还需要召开现场教育会，以总结教训并提升安全意识。对于设备的改装，必须经过连部的批准，并在必要时通过动力科的审核。此外，协同机械厂还强调了对设备、仪器和仪表的维护和保养管理，力求做到"三好四会"，同时还要求定期召开维护保养会议，以确保设备的长期稳定运行。特别是对于精密设备，还制定了详细的使用记录簿，以确保设备的使用和维护情况得到充分记录和监控。协同机械厂在生产设备管理方面采取了一系列严格的措施，包括定机定人、设备清扫、定期检查、设备故障反映、设备安全事故处理、设备改装审批、维护保养管理等，不仅提升了设备管理水平，还为生产提供了坚实的保障。

最后，在工人考勤方面，协同机械厂实行了严格的管理制度，以确保工作班组的正常运转。厂内组织三班制工作班组，每天工作时间分为三个班次。第一班的工作时间为8小时，第二班为7.5小时，第三班为7小时，总工作时间不少于22.5小时。对于采用二班制的生产，每天工作时间不少于16小时。在请假制度方面，协同机械厂设立了严格的程序，以保证请假的合理性和透明性。职工需要请假时，必须提前填写请假单，并详细说明请假理由，向班组提出申请。请假一天的情况下，班长有权进行批准，若请假时间为2～7天，需要经过班组同意后，再向组室和连队申请批准，工资在请假期间暂停发放。对于未经批准擅自离岗，未办理请假手续，虚报情况、伪造证件骗取领导批准，假期已满却未办理续假手续等违反考勤规定的行为，视为旷工行为。协同机械厂在工人考勤管理方面秉持严格的制度，明确了班次安排、请假程序和违规处理等内容，保障了工作班组的正常运转，促进了生产活动有序进行。

（2）技术管理工作的明确

协同机械厂于1972年9月19日依照"集中领导、分散管理"的原则颁布了《协同机械厂技术工作管理制度》。该制度明确了由厂技术部门负责全厂技术工作。在技术人员的管理方面，厂专职技术人员主要受厂技术部门领导，每个车间还会根据实际情况额外设立1～2名专职技术员。各车间技术人员的职责涵盖多个方面，包括：确保本车间内的技术文件贯彻执行，必要时与技术部门合作解决问题；参与产品质量分析会，提出工艺和工装的修改建议，制定临时脱离工艺的措施；开展针对薄弱环节的技术创新，并及时整理相关技术资料；工装车间技术人员还需负责工装工艺、工装材料定额和二类工装设计等技术工作。

在新产品工艺定型方面，协同机械厂制定了严格的流程。新产品在完成工艺技术准备工作后，必须经过上级机关的定型审批，方可进行批量生产。工艺技术准备包括样品试制、工艺准备、工艺定型和成批生产四个阶段。这些阶段不仅测试产品性能和工艺性，还涉及工艺文件制定、工艺装备设计和制造等。

在产品工艺改进方面，协同机械厂明确了改进程序。任何产品和工艺改进都必须经过充分试验并作详细记录，试验完成后归档保存。重大工艺改进由技术部门组织并获得厂部批准后实施，一般工艺改进则由车间负责并得到技术部门同意。所有形成的技术资料统一由技术部门的资料室管理，定期整理、分类、登记，以确保技术资料的完整性。对于厂内的技术资料和情报，资料室也会负责整理和处理，如需要向外部单位索取技术资料，必须经过技术部门同意。

（3）产品质量检验工作的畅通

1971年9月，为挽回"左"的思想给企业管理和工业生产造成的损失，周恩来同志提出应采取一些措施加强和整顿企业管理。1971年12月，国务院召开了全国计划会议，明确要把产品质量摆在第一位，整顿和加强企业管理。同时要求各企业要迅速恢复岗位责任、考勤、技术操作规范、质量检验、设备维修、安全生产、经济核算七项制度。其中特别强调必须加强质量检验工作，凡是不合格的产品一律不准出厂。协同机械厂于1972年5月20日制定了《产品质量检验工作制度》，5月28日印发全厂实施。

《产品质量检验工作制度》规定，厂检验科是直属厂两委会领导的业务部门，是负责执行产品质量检验工作的专职机构，内设有检查、监督验收产品质量科室。检验工作由组长负责，下设检验班，班内设有检验人员。检验组组长的职责在于引导全厂技术检验人员严格执行上级关于提高产品质量和强化检验工作的方针、政策，同时负责对从原材料进库到成品出厂整个生产过程的质量检查，以确保产品质量符合国家技术标准。此外，检验组组长还需负责出厂产品质量、文件完整性、重要部件原始记录等方面的检查，配合军验组完成产品出厂交验等任务。

检验班班长需熟悉零部件加工和装配的检验方法，支持技术革新，监督操作人员贯彻执行技术标准和操作规程。在加工过程中，有权监督并提出改进建议，如工模量具不准确或违规操作导致废品产生，应立即报告车间领导并采取措施。车间产生废品时，应调查原因，提出改进意见，督促车间提高产品质量，避免废品继续产生。一线检验工人必须按照产品技术标准、图纸、工艺规程和技术资料的规定，执行具体的检验工作。发现废品时，要查明原因，标明责任者，并向检验班长报告。检具和量具的维护保养，材料和资料进厂的复验，首件检验制的执行，产品检验流程的各个步骤，都在制度中有明确规定，以确保产品质量的稳定和提升。

随着检验制度的建立，厂检验科的职责得到明确，检验工作流程得以规范。检验组组长的双重职责使产品质量的监督和控制更加有力，确保了产品在从原材料进库到成品出厂的每个环节都符合国家技术标准。检验班班长在加工过程中的监督和指导，以及对废品产生原因的调查分析，有力促进了产品质量的提升。此外，制度规定的详细要求和流程让产品质量检验工作更加有序高效。

### 3.制度完善后的生产实效

协同机械厂通过建立各项技术制度，规范了生产流程，生产秩序逐步恢复，生产能力得以提升，劳动生产率也有了16%的提高，进一步增强了企业的竞争力。1972年协同机械厂提前40天就完成了国家下达的3500具新40火箭筒生产任务。协同机械厂在产品质量方面也取得了明显进展。与1971年相比，废品率大幅降低。新40火箭筒筒身三大件平均废品率从1971年的36.9%以上下降到1972年的18%。协同机械厂在生产工艺方面也更加规范。1972年共设计了1060多项工艺图纸，生产工艺更加标准化。技术革新方面也得到了深入推进，1972年协同机械厂实现了40多项技术革新，自制的专用设备有效解决了企业生产中的困境。企业管理方面，协同机械厂加强了安全生产和安全行车的管理，取得了显著的成果。与此同时，对厂内资产进行了明确的整理，清理出大量积压物资，进一步优化了资产结构，提高了资金利用效率。

## 二　新40火箭筒的技术改进

在完成技术承接后，协同机械厂开始利用转移技术进行生产。1968年10月协同机械厂开始着手试制56式40毫米火箭筒（也称老40火箭筒），但技术人员较少、生产工具不够、技术水平不足等问题限制了协同机械厂的正常生产活动。1969年3月2日，苏联部队入侵中国领土珍宝岛并主动挑起武装冲突，3月25日五机部遵照中共中央、国务院会议精神在北京召开了"紧急战备生产会议"，安排战备生产任务，要求各厂努力生产以反坦克武器为主的"三打"（打坦克、打飞机、打军舰）武器。协同机械厂于1969年4月接受了试制生产69式40毫米火箭筒（也称新40火箭筒）的任务。本部分将重点讨论协同机械厂在试制新40火箭筒过程中进行的技术改进。

### （一）试制新40火箭筒前的技术困境

#### 1.技术人员较少

协同机械厂自1966年开始筹建至1970年基本建设完成，其间工厂管理技术人员大部分已经进山，小产品试制定型后也已投入成批生产，大产品正在准备试制。但1970年开始生产后所遇到的最大问题是技术人员严重不足。筹建期间由于厂人事工作没有专人负责，特别是产品工艺路线和设备的临时变化，导致必须重新考虑人员配套方案。1970年协同机械厂向上海市革委会请示"根据生产需要，希望扩充766人，上海电焊机厂和上海鼓风机厂两个包建厂已经分别输送了286人和227人，但尚有252人的缺口"。对于这一问题，协同机械厂随报告附上了厂内研究的解决方案，即由两个包建厂继续补足技术人员，尤其是包括热处理工、表面处理工、钳工等在内的技术工种。1971年协同机械厂再次向上级报告，根据全国计划会议精神和上级要求，大产品要尽快上马生产，小产品要稳定生产，同时建厂至今有些工种尚未配齐，就目前厂内现状，仍然有132名技术工人的缺口。可见生产初期从上海转移而来的技术人员严重不足。

### 2.生产工具不够

1970年筹建工作结束后协同机械厂进入生产阶段。随着产量逐渐增长，厂内主要生产工具——硬质合金刀片的耗用量也随之增加。但协同机械厂作为由上海转移到安徽的军工厂，硬质合金刀片的库存极低，再加上地处皖南山区，交通不便，采购和获取难度较为困难，导致硬质合金刀片供不应求。

### 3.技术水平不足

新40火箭筒的产品铸件及精锻件共计57种，但由于零件均为外单位协助生产，协同机械厂并未有能力可以独自完成，边建设边生产时身管全部投料的毛坯件均为在制品，强度试验模拟弹的供应也跟不上，其中1970年有220具由于没有模拟弹而无法进行强度试验。可以说由于技术水平有限，使生产任务与配套工具严重不匹配。

对于上述技术困境，协同机械厂一方面在原304工房基础上新建了90平方米厂房，自力更生制造了3台硅电源。另一方面在所需费用仍有缺口的现实情况下，1971年1月向上海机电工业局打报告称，为争取在3月初投入小批量生产，特申请镀铬工艺上马所需费用：厂房建设90平方米需要1.8万元，塑料风机3台需要0.3万元，镀槽16只需要0.7万元，2500A/12V和1000A/12V的硅整流电源各3套需要8.4万元，行车需要0.2万元，蒸汽水源管道搭建需要0.6万元，电热管建设需要0.6万元，烘箱1只需要0.7万元。技术人员也随着上级对协同机械厂上报情况的批准而到位。至此新40火箭筒试制的前期准备工作全部完成。

## （二）新40火箭筒镀铬工艺的改进

提升火箭筒烧蚀寿命的核心手段在于强化炮膛的耐高温性能，同时减少火药气体的热传导效应。特别是在大口径火炮身管方面，选择高熔点金属或合金作为内膛涂层或衬管，成为关键路径之一。在此背景下，将耐烧蚀金属进行膛内电镀，以延长身管使用寿命，显得尤为重要。铬金属因其熔点高达1900℃，导热率在66.99～75.36瓦/米·开尔文，被认为是当时的首选材料。铬的独特之处在于其出色的化学稳定性，各项试验均未发现其与火药气体发生反应的情况。实践证明，即使在膛压达到600兆帕、初速达到1700米/秒的坦克炮条件下，铬金属仍未受到热熔的影响。此外，铬还具备硬度较高、耐磨和耐蚀性良好的特性。有关实验结果显示，使用铬金属能将烧蚀寿命提升1倍至数倍。镀铬工艺的相对简便性也增加了其应用的可行性，因此，在小口径身管武器中得以广泛运用。

　　1970年底，中央军委炮兵司令部召开会议，明确提出对新40火箭筒内膛进行镀铬处理，要求协同机械厂在1971年4月之前实现这一目标。1971年1月22日协同机械厂向上海机电局提交了关于改进镀铬工艺的专题报告，标志着新40火箭筒内膛镀铬处理工艺的研究正式启动。这一举措不仅在当时具有重要的战略意义，更为后来的技术发展和军事实践积累了宝贵经验。

**1.小批量试验的开展**

　　协同机械厂遵循上级指示，积极开展新40火箭筒内膛镀铬试验工作。在这一过程中，协同机械厂采用了渐进式方法，即边学习，边研究，边试镀，边进行性能试验，边作成批生产准备。这一探索从1971年2月开始。经过宏观检验、镀层厚度检验和寿命试验等一系列关键环节，初步结果良好。1971年7月新40火箭筒小批量试验得以启动，在宏观检验和镀层厚度检验合格的基础上，协同机械厂技术人员选取两具火箭筒进行了寿命试验。试验结果显示，710722试验炮经受住了低温（-40℃）、常温（28℃）、快速高温及高温（55℃）等多个不同环境下的试验，内膛镀层尺寸均未出现明显变化。同样地，710720试验炮在常温射击301发、快速高温射击555发和高温射击702发后，内膛镀层尺寸同样保持稳定。这一试验结果为新40火箭筒内膛镀铬工艺的推进提供了坚实的技术支持（见表2-2）。

表 2-2　710720 号新 40 火箭筒的实弹射击数据

| 试验项目 | 炮号 | 试验工厂 | 试验条件 | 试验弹情况 | 试验目的 | 试验结果 |
|---|---|---|---|---|---|---|
| 常温射击 | 710720 | 湖南282厂 | 配合产品验收射击累计301发 | 282厂试验弹 | 镀铬炮寿命试验 | 1.全炮镀层宏观无显著变化<br>2.内膛镀层尺寸变化不大 |
| 快速高温射击 | 710720 | 9337 | 配合产品验收射击累计555发 | 282厂试验弹 | 镀铬炮寿命试验 | 全炮镀层宏观无显著变化 |
| 高温射击 | 710720 | 9337 | 配合产品验收射击累计702发 | 282厂试验弹 | 镀铬炮寿命试验 | 内膛镀层尺寸变化不大 |

### 2.镀铬后"麻点"问题的解决

尽管小批量试验证明了内膛镀铬工艺的可行性，但协同机械厂生产工人却在实际生产中发现了新 40 火箭筒在生产过程中炮身会出现"麻点"的问题。为解决这一问题，协同机械厂在1971年11月成立了由厂内生产科、检验科和车间技术人员组成的"麻点"攻关小组，致力于深入研究"麻点"问题。

攻关小组于1972年7月12日开始进行了为期3周的流转试验，目的是通过流转试验找出"麻点"问题的根源。在此期间，攻关小组选取了自7月12日至7月29日镀铬结束共18天中的50支身管，自热处理工序开始进行流转试验。为了暴露具体问题，攻关小组在工厂主要车间抽出 1～2 支身管作分阶段镀铬，并与流转全过程的身管进行比较。在50支身管中除热处理后先抽2支镀铬外，其余48支进行流转到镀铬工序前为止，合格品为21支，不合格品为27支。其中，不合格的原因主要有热处理后内环缝存在裂纹、焊接变形热处理后未能及时校正、钳加工钻孔偏移等。其中，为解决内环缝存在裂纹的问题，协同机械厂通过在热处理前将身管与调孔环内接头处用氩弧焊环焊一周使其封闭，从而防止腐蚀性溶液再渗入细纹内部，保证了细纹部分不会腐蚀。

在流转试验的工艺选择上，试验身管是按照下列工艺进行的：焊接前各道工序—焊接—探伤内缝环—焊接—探伤全身管—单管清洗身管内外壁磁粉—上油—淬火—单管清洗身管内外壁盐渣—热水洗—干燥—回火—钝化—校正—钝化—探伤—清洗磁粉—金加工—铣加工—钳加工—配后喷管—焊接—打强度—清洗药渣—探伤—清洗磁粉—抛光—上油—镀铬。在焊接后、镀铬前的各道工序中有些许要求，例如：①清洗方面，探伤后的清洗要求身管内外壁不允许带有磁粉，身管淬火后要求对每支管的内外管壁进行盐浴、硝盐炉化验，化验合格后方能进行工作。②防锈方面，增加上油和钝化工序，并在钝化后浸入硝酸钠和三乙醇胺溶液，增加产品的防锈能力。采取上述工艺的最终目的是在一定程度上测试产品在镀铬后是否有减少或没有麻点。而采取上述试验工艺后，镀铬后身管情况确实有明显改善：热处理后抽出身管2支进行镀铬，热处理选用第一炉及第十炉，经过镀铬工序后无"麻点"。

同时攻关小组结合前期试验提出了解决"麻点"的建议。一是做好身管外壁锈点和焊接前的防锈，可以采用深孔搪冷却液中加石油磺酸钡5%。二是要快速处理焊接后身管内腔焊接处变形。三是调孔环射击后的公差由0.04毫米改为0.07毫米。四是针对后喷管锈蚀较为严重的情况，精磨前进行钝化，精磨后明确专门堆放场所，提高后喷管喇叭口光洁度。五是规定热处理盐浴炉、硝盐炉的化验周期。六是镀铬前把全炮浸泡在防锈液中，以免在酸碱空气中产生腐蚀。

经过一系列试验、研究和探索后，协同机械厂于1972年8月1日组织召开"421"产品麻点专业会议，充分讨论了"麻点"问题，并认为经过流转试验，问题基本得到解决。可以说，协同机械厂通过不懈努力，成功克服了内腔镀铬工艺中的困难，使转移而来的新40火箭筒工艺设备得以充分利用，为产品的进一步发展奠定了坚实的技术基础。但这一工艺改进依旧只是对原有工艺的"小修小补"，且是根据生产中所遇到实际问题进行了改进，未能有全面的技术计划，同时也缺乏对这一工艺的深度挖掘，如镀铬工艺在其他产品生产中可以如何利用和推广等问题上，协同机械厂未能深入研究。

### （三）芯杆代替工艺的改进

协同机械厂自1969年起在新40火箭筒的小型强度试验中就一直使用钢质模拟弹，但钢质模拟弹存在噪声大、成本高、质量不稳定、劳动强度高等问题。随即协同机械厂在上级部门和驻厂军代表的支持下进行了新40火箭弹小型强度试验的工艺改进，该项目被列入了当年上海市国防工办科研项目计划中。

#### 1. 先期基础性试验的开展

协同机械厂芯杆工艺的改进始于1970年。在前期试验过程中，协同机械厂对五个重要项目进行了试验，即内膛曲线成形试验、单发膛压稳定性试验、组与组之间的膛压稳定性试验、火箭筒膛直径极限公差与长度极限公差对膛压稳定性影响试验、火箭筒及芯杆使用温度对膛压稳定性的影响试验。试验的技术参数是根据五机部的要求，同时根据WH506产品设计说明书的曲线要求，高膛压要求每组平均压力为大于或等于850千克/平方厘米，单发最大压力为小于或等于950千克/平方厘米。

测试用的芯杆结构形式是采用阶梯式芯杆，通过在口部装上药管（内装有82无双基药、黑火药、底火、闭气盖），然后将芯杆药管装入40火箭筒膛内通过试验击发机构击发，由底火点着黑火药引燃双基药瞬间产生的高温高压气体，由芯杆阶梯状外形与内膛之间隙控制内弹道膛压曲线，从而达到小型强度试验的要求。

其中膛压曲线成形试验的条件包括芯杆与火炮内膛间隙选择，即选择间隙 $\phi 55$ 部位为7.7毫米，$\phi 40$ 部位为5毫米的火炮。双基药量及黑火药量是参考老40火箭筒的选择，新40火箭筒双基药量为50~70克，黑火药量为3克。闭气盖的选择是参照老40火箭筒装药结构，选用1毫米马粪纸2片。药管形式是在装药量确定以后，参照老40火箭筒的基本结构来确定，但放长了药管。装药要求是常温散装药。铜柱预压值是根据内弹道试验法来确定（见表2-3）。

表2-3　铜柱预压值

| 测压孔 | 1 | 2 | 3 | 4 | 5 | 6 | 7 |
|---|---|---|---|---|---|---|---|
| 预测值（千克/平方厘米） | 200 | 600 | 700 | 700 | 700 | 300 | 200 |

经过23组161发试验后，协同机械厂技术人员对芯杆结构修改了几十余次，膛压曲线基本成形。事后协同机械厂有关技术人员认为膛压曲线基本成形，但单发跳动不稳定，主要是由于发射药燃烧不一致，造成了起始压力的跳动，影响了高膛压区的膛压稳定，其认为后续可以通过改进装药方法和药管结构及芯杆结构来完善。

单发膛压稳定性试验是按照改进后的装药方法，由原来的散装药改为捆装药，药量由原来50～70克改为35～50克。改进后的芯杆三菱头部加长，药管内加了传火堵。经过120发的试验，基本上达到了单发膛压跳动的初步稳定。协同机械厂有关技术人员认为，捆装药要比散装药好；芯杆三菱头部加长和药管内加了传火堵均是为了防止燃烧不一和药损失的有效措施。同时由于装药条件的不一，故对组与组膛压是有一定影响的。

组与组之间膛压稳定性试验是用15组的装药保常温24小时后，用38组的装药再保温23℃～29℃后在12～42小时内进行试验。经过371发试验后产品总体稳定。事后有关技术人员认为前15组的装药由于保温设备不完善、湿度达不到规定要求造成组与组稳定不够，且高膛压区的设计目前还达不到要求。装药室保温23℃～29℃，这样就可以减少由于装药室的湿度影响，试验结果基本达到要求，尤其是前18组单发跳动和组与组的平均膛压完全符合设计要求，但由于在第19组开始时保温箱透气孔放高，引起了箱内温度增大，达不到装药的保温要求，所以引起压力偏低，同时在进行了几十组的试验后芯杆三菱头部逐渐烧损，这样芯杆药室部分间隙增大，也是引发膛压偏低的一个因素。后续可以控制烘箱温度，解决芯杆三菱头烧损问题。

火炮内膛直径极限公差与火炮短极限公差对膛压影响试验是选内膛尺寸 φ40.13毫米火炮1具和内膛尺寸 φ40.03毫米火炮1具，有关技术人员在记录下试验结果（见表2-4）后分析发现，内膛公差控制在现有的0.05毫米范围内所引起的膛压变化不大。在火炮长短极限公差对膛压影响的试验中，技术人员将芯杆药室肩部装入厚度为0.65毫米的垫圈和将芯杆中插装厚度为0.81毫米的垫圈，相应说明火炮长0.65毫米和火炮短0.81毫米。试验后技术人员分析发现，从对比的二组火炮长短极限公差膛压曲线结果及平时所做的试验来看，火炮尺寸长短在技术要求的范围内压力跳动变化不大（见表2-5）。

表2-4　火炮内膛直径极限公差对膛压影响试验的结果

| 内膛直径（毫米） | 1 | 2 | 3 | 4 | 5 | 6 | 7 |
| --- | --- | --- | --- | --- | --- | --- | --- |
| 40.13 | 397 | 729 | 865 | 885 | 856 | 450 | 407 |
| 40.03 | 383 | 732 | 856 | 895 | 860 | 463 | 414 |

表2-5　火炮长短极限公差对膛压影响试验的结果

| 长短极限公差（毫米） | 1 | 2 | 3 | 4 | 5 | 6 | 7 |
| --- | --- | --- | --- | --- | --- | --- | --- |
| 长0.65 | 395 | 764 | 890 | 881 | 890 | 461 | 357 |
| 短0.81 | 392 | 761 | 892 | 897 | 908 | 467 | 377 |

炮温对膛压影响试验后技术人员发现，火炮及芯杆由于连续试验使温度不断升高，膛压曲线变化也随之不断变化，一般火炮及芯杆温度升高，膛压也随之升高。经过大量试验，在试验时将芯杆及火炮温度控制在70℃以下，膛压曲线的变化基本一致。

协同机械厂在芯杆工艺改进方面进行了一系列试验。其中，第一项、第二项、第三项是通过改变芯杆几何形状、装药工艺和装药方法来达到膛压设计要求，第四项、第五项则是选用火炮内膛的大小、长短及火炮温度进行各种试验。技术人员通过试验基本排除了上述情况对火箭筒膛压的影响，为芯杆代替工艺的改进提供了重要数据支撑。

**2.技术鉴定小组的成立**

协同机械厂于1977年7月，在五项性能试验稳定的基础上，由时任厂党委书记王永生主持召开了芯杆鉴定会议。会议召集了军验组、技术组、检验组、生产组、三车间领导及靶场等有关人员，经讨论后与会人员一致认为，

"必须成立一个芯杆试验鉴定小组。鉴定小组由厂内生产科与验收军代表共同组成，负责并参加鉴定试验的具体工作"。鉴定小组的具体工作，首先是对芯杆强度试验的可靠性进行技术鉴定，其次是对火炮极限公差对膛压的影响进行考核，最后是由鉴定小组选取50具合格火炮进行小批生产考核。

1977年8月，鉴定小组对芯杆强度试验进行了技术鉴定。鉴定小组在38大组266发试验的基础上，又进行了24大组168发的综合试验。通过对50具火箭筒的实际考核及七孔测压炮的测试，结果显示膛压符合五机部的技术要求。高膛压区平均膛压不低于850千克/平方厘米，单发跳动的最大膛压不超过950千克/平方厘米，说明芯杆强度试验工艺是行之有效的。随即鉴定小组向厂领导报告称："该芯杆结构代替强度弹考核火炮强度通过50具产品生产考核，证明是可靠的。用芯杆进行小型强度试验的测试，工艺是可行的。我们认为可以进行小批生产，并积极创造条件尽快投入大批生产。"至此，芯杆代替技术通过鉴定，正式用于协同机械厂新40火箭筒的生产中。

**3.创新芯杆替代工艺的结果**

协同机械厂于1978年芯杆替代工艺试验成功，并在1979年正式将其投入生产。这一改进工艺的使用，不仅解决了内膛烧损的难题，还极大降低了产品试验成本。此前，强度试验每具火炮的试验费用高达79.60元，而采用芯杆进行强度试验后，每具火炮的试验费用仅为5.91元，每具节省了73.69元。从1979年生产7000具的规模来看，采用芯杆进行强度试验共可节约成本高达51万元。这一改进工艺的成功还让协同机械厂获得了上级部门的高度认可。在1978年兵器工业部举办的40火箭筒成本竞赛中，协同机械厂所生产的新40火箭筒在主要零部件材料消耗方面是全国同类厂中最少的，成本降低率高达11.35%。这一优异的表现凸显了对转移技术充分利用的显著效果，协同机械厂代表在会上分享了芯杆工艺的改进经验。

1979年10月举行的五机部会议上，与会专家一致认为："芯杆代替模拟弹进行小型强度试验结果显示内弹道性能较为稳定，能满足产品的考核要求，具有减轻劳动强度、使用安全，内膛损伤较小，经济效果显著等优点，这个项目是成功的，可以投产，值得推广。"在1981年的全国40火箭筒行业产品质量评比中，协同机械厂以高达195.62分的成绩荣获全国第一名。这一荣誉不仅彰显了协同机械厂在技术创新和产品质量方面的杰出表现，还进一步验证了芯杆工艺的卓越效果。值得一提的是，该创新工艺还获得了上海市重大科技进步奖的殊荣，进一步证明了协同机械厂在火箭筒领域取得的重要科技突破，为国防事业的发展作出了贡献。

协同机械厂通过试制芯杆替代工艺，不仅成功解决了原有生产问题，还降低了强度试验的成本。但协同机械厂的这一技术改进依旧停留在技术转移的初级阶段。一方面，技术延续性不强。协同机械厂在技术转移过程中可能没有充分考虑到所有潜在的影响因素和问题。例如，在芯杆替代工艺的试制中，虽然解决了原有的问题，但没有充分考虑到后续生产环节中可能出现的新挑战或问题。另一方面，技术转移的长期影响评估不足。协同机械厂在使用芯杆替代工艺后虽然取得了初步成功，但没有充分评估新工艺对整个产品生命周期的长期影响。

## 三　转移人员的技术培训

1979年全国职工教育工作会议召开，会议提出为了迅速提高我国广大职工的科学文化水平，使之适应四个现代化的需要，必须搞好职工教育。1980年全国职工教育工作委员会成立，1981年2月中共中央、国务院作出了《关于加强职工教育工作的决定》，对新时期职工教育的方针等方面作了一系列规定。同年12月召开的全国职工教育工作座谈会提出，"在开展全员培训工作中突出青工文化、技术补课和干部专业培训两个重点，特别是要抓紧青壮年职工的文化、技术补课工作，力争在这方面取得较大的进展"。上海积极响应国家号召，于1980年1月24日召开全市职工教育工作会议，通过《关于加强职工教育工作的几点意见》，提出争取在1985年前完成初中文化补课任务。上海小三线企业也随之开始在青年工人中开展文化技术补习工作。本部分将重点讨论协同机械厂开展以青年工人文化技术补习（以下简称"青工双补"）工作为主的技术人员培训的方式、内容及最后的工作成效。

## （一）培训的组织方式

上海小三线企业，包括协同机械厂在内，积极展开了针对1968—1980年初中、高中毕业但实际文化水平未达到初中毕业标准的技工，以及没有接受过专业技术培训的三级以下职工的青年工人文化技术补习工作。该工作旨在通过培训，显著提升青年工人的科学文化水平，使他们成为具有社会主义觉悟、拥有较高文化水准，并能熟练掌握现代生产技术的劳动者，以满足四个现代化建设的需求。

### 1.规范青工双补工作各项制度

青工双补工作的目的是建设一支广大的有社会主义觉悟、有科学文化知识、有专业技术和管理经验的职工队伍，服务于建设四化。但补课学员在年龄、工龄、工种、实际文化程度、思想品德等方面有许多差异，如果没有一定的规章制度，统一和约束学员的行动，建立正常的教学秩序，则此项工作是无法顺利进行的。为此上海小三线企业设计了严格的青工双补工作制度。

总体层面，协同机械厂建立了统一的工作领导小组，明确任务目标。例如，协同机械厂于1981年制定的《关于继续抓好青工文化学习的通知》规定：厂各级领导要高度重视，大力宣传，认真组织，逐个落实，各部门应对相关人员通过会议、座谈、谈心等形式进行动员，工会系统要积极宣传、动员、支持和保障职工的学习权利。要求厂教育科在一年内至少举办三期青工初中文化脱产学习轮训班，力争在年底前全厂75%以上的培训对象通过统一考试，拿到初中毕业文凭。在考核制度方面，由上海小三线各公司教育科集中进行，监考工作由后方教育处和公司教育科共同组织，公司与公司之间进行轮转，保证考试质量。在学习制度方面，青年工人无论通过什么途径坚持学习，凡按规定参加考试，成绩合格者，应发给毕业证书，承认其学历，与同级、同类学校毕业生同等使用。各单位应将青年工人的文化、技术学习成绩列入本人的人事档案，作为提拔使用、升级晋级的重要依据之一。同时，规定1979年起新进单位的艺徒工，转正考核时，除必须达到应知应会的技术要求外，至少要达到初中毕业的实际文化水平。在纪律制度方面，凡经组织上安排并多次动员仍不愿学习者或者因不认真学习仍拿不到毕业文凭者，后果均由本人负责。同时学员在脱产学习期间，应严格遵守厂内各项制度和教育科制定的学习纪律、考试制度等。凡严重违反、经教育无效者，教育科可令其退学，退学者将不再享受脱产学习的待遇，以后亦按照没有文凭的情况处理，后果自负。在学籍管理制度方面，职工业余学校设有注册、考勤、考核、分科结业、毕业等必要的学籍管理制度。学员每学完一门课程，经考察合格，将记入学籍材料或发给单科结业证书；学完一个阶段，考察合格，即发放毕业证书。

**2. 线下开设业余学校**

开设职工业余初等和中等学校是开展在职青年工人培训的重要举措。上海后方建设管理局为加强青年职工培训，于1979年将青年工人业余教育分为业余初等、业余初中和业余中等专业三个阶段并开设相应班级。业余初等学校（业余初级班）的培养目标是使已经达到扫盲标准的学员获得初步的读、写、算能力，从而适应当前生产、工作和生活中的迫切需要，并为继续提高准备条件。业余初级中学校（业余初中班）的培养目标在于让学员在已完成初等教育的基础上，进一步掌握语文、数学等基础知识，以及必要的理化知识，以满足学员在当前生产和工作中的基本需求，并为他们进一步学习文化科学知识打下坚实基础。业余中等专业学校（业余中专班）的培养目标旨在使学员在具备初中程度基础的基础上，使其具备高级技工或中级技术人员所要求的专业知识水平。

**3. 线上开办电视讲座**

上海市人事局从1982年2月起开办"经济管理基础理论"电视讲座（以下简称"讲座"），目的是使专业干部能够基本掌握经济管理的基础理论，提高经济管理水平。对熟悉本职业务、能独立工作，但理论水平低、不完全具备国务院所规定的业务技术职称条件的专业干部，通过讲座培训，经考试及格者，发给结业证书。培训对象主要是从事经济工作的人员。凡参加电视讲座的学员，每人需要缴纳学费8元，如只学单科的，则学费是4元，由各单位从"职工教育基金"中开支。所收取的学费由各公司、直属厂集中后按规定上缴。同时，规定参加讲座的学员，与地区性职工（工农）业余中学毕业班学员及单位结业的学员和在机关团体、工厂企事业单位补课的职工及自学青年一样均可参加业余中学初高中毕业统一考试并获取相应学历证明。

**4.技术考核成绩与奖金挂钩激励青工学习**

改革开放前，上海小三线工人工资是按照工资区标准发放。1978年后职工提级与考核成绩挂钩，工资级别以技术为主，尤其是职工待遇与其年龄不再有必然联系，职工提级完全按照劳动态度、技术高低、贡献大小进行考核，并以贡献大小作为主要的考核依据。对劳动态度好、技术水平高、贡献大的职工，即使工资级别较高，该升级的也应升级。在劳动态度、技术贡献都相同的情况下，应考虑工资低的人；在劳动态度和技术贡献基本相同的情况下，如果工资也差不多，可考虑工作年限长的或多年没有升级的人。

此外，由于青年工人多承担各自单位的主要工作，故文件规定学员在脱产学习期间，绩效奖金由轮训班评定，每月评奖1次，评奖要求结合每月平时成绩、测验成绩、学习态度、遵守纪律、劳动情况及各方面的表现，先由班级内部评议，再由教育科会同各科老师审定。奖励金额按照厂奖金制度2类人员标准，基础奖金3元，当月全勤奖0.5元。对于学习认真，各科平均分数在80分以上的，100%提交作业，其他方面均优良者，可增加1.5元；各科成绩合格，交作业在90%以上者，可增加1元；在五门课程中有三门以上不及格，学习不够努力者不得奖；对于学习认真，但由于基础差，虽经过努力在各科成绩中还有1~2门不及格者，得基础奖。对于学习特别认真，成绩优异，各方面表现都很突出者，经班组推荐，教育科评定也可在原有基础上增发1元，但人数控制在15%以内。

## （二）培训的内容安排

协同机械厂青年工人文化技术补习工作以政治学习为基础、以文化和技术知识为主要内容，并辅以市场经济方面的基础知识。文化课方面包括语文、数学、物理和化学，技术课方面包括工艺、金属和制图。补课之后要进行相应的文化等级考试。

### 1.政治教育为基础

改革开放之前，多数青年工人对上海小三线建设的认知不到位，甚至对开展文化技术补习工作也持排斥态度。据原后方仪表电讯工业公司职工李海洪回忆："对于文化补习，我觉得青工们怪可怜的，三十大好几的人了，开始学习三角函数、解方程。而对技术考核，我是认真的。工人靠本事吃饭，应知的不知，应会的不会，干什么活？拿什么钱？"[1]由此，对青年工人开展政治教育并加以引导显得格外重要。

协同机械厂对于青年工人的政治教育，主要集中在两个方面，一是系统的共产主义思想教育，二是日常的思想政治教育。系统教育方面，首先组织青年工人学习三门课程，其中，"中国近代史"课程，主要涉及中国近代史、近代中国革命史和中国共产党党史；"科学社会主义常识"课程，主要是进行科学社会主义基本观点的启蒙教育和社会主义制度必须在改革中完善和发展的教育；"中国工人阶级"课程，主要进行中国工人阶级的特点、历史使命和革命传统的教育，以及做一名有觉悟的工人阶级成员的教育。在学习以上三门课程的基础上，上海小三线企业还根据自身实际情况开设了包括"马克思主义常识""共产主义道德""中华人民共和国在世界上""社会主义民主与社会主义法制""共产主义道德"等课程，教材主要使用中央宣传部、中央书记处研究室、国家经委、教育部、中国社会科学院、全国总工会、共青团中央、中国科协主持编写的教学大纲。在日常教育方面，以读原著和学习重要会议精神为主。要求工人在通读《毛泽东选

---

① 徐有威、陈东林主编《小三线建设研究论丛》第七辑，上海大学出版社 2021 年版，第382—384 页。

集》的基础上，重点学习《实践论》《矛盾论》和马克思、恩格斯、列宁的著作等。

**2.文化和技术补习为主要内容**

（1）文化补习

文化补习通过各类业余学校开展。在课程设置上，语文和数学是业余初等和中等学校都需要开设的两门基础课，物理和化学是业余中等学校必须设置的课程，有条件的学校开设外语课。其中，业余初等学校（业余初级班）设语文、算术两门课程。总课时数（按照每课时45分钟计算）为360课时，其中语文240~280课时，算术80~120课时。业余初级中学（业余初中班）设语文、数学、物理、化学等课程。教学总课时为660~720课时。其中语文240课时、代数140课时，几何100课时，三角80课时，物理100课时，化学60课时。业余中等专业学校（业余中专班）设内含立体几何、平面解析几何、微积分初步的数学课程、物理或化学等课程。有条件的业余中专班可设外语课（专业基础课和专业设置方案另订）文化基础课的教学总课时为540~680课时。其中代数160课时，立体几何和平面几何120课时，微积分初步80课时，物理180课时，化学80~140课时。

（2）技术补习

为使企业的生产设备保持良好的技术状态，给企业发展降低成本、节约能源、环境保护和安全生产创造条件，协同机械厂开展了对设备管理人员、技术人员、维修工人的技术业务培训。

对企业主管设备的厂长、设备管理处（科）长和技术人员的培训，由国务院工交部门和省区市工交厅（局）组织进行，有计划地培养那些具备系统理论知识、既懂技术又懂经济和管理的高级专业人才。对青年维修工人，按文化技术补课规定，有计划地进行培训。技术维修工人要纳入企业培训计划培训，提高青年工人技术素质；或举办设备维修专业技工班或技工学校，学习维修技术理论知识，培训本企业所需要的机电钳仪维修技术工人，逐步把维修工人技术水平提高到与企业生产相适应的程度。

（3）经济基础补习

改革开放后，为适应经济体制的改变，中共中央高度重视对青年工人进行必要的经济管理基础知识的普及。上海小三线企业青年工人经济基础知识的学习方式以电视讲座为主，讲座前4个月讲授"政治经济学"，后4个月讲授"经济管理概论"。其中"政治经济学"的授课教师和基本教材均来自复旦大学和上海财经大学，课程包括"社会主义公有制和社会主义的物质基础""社会主义的生产目的""社会主义经济的有计划发展""社会主义制度的商品生产和价值规律""社会主义的货币流通""社会主义的分配""社会主义的再生产"。同时为了提升学习效果，上海市人事局还开展针对"经济管理概论"的专题辅导工作。其中，协同机械厂自讲座开班以来，有84人报名参加"经济学基础理论"的考试，61人参加"政治经济学"的考试。政治经济学考试中，超过半数的学员获得90分以上，其中平时考核部分达到满分的更是超过85%。

## （三）培训的实际效果

协同机械厂青工双补工作的实际效果主要体现在以下几个方面。

首先，提高了青年工人的政治觉悟。在对上海小三线建设的认识方面，学习之前，许多青年工人认为，"上海的生产条件好，为啥要搬到其他地方去"，"总讲要防备打仗，看着不像会打仗，大搬家不合算"。还有些青年工人认为，"工厂可以搬，自己不愿去"。这种抵触情绪对上海小三线企业生产经营活动的开展极其不利。学习之后，广大青年工作提高了路线觉悟，认识到党的十一届三中全会以来，中共中央作出的"关于全党工作的着重点，应该从1979年起转移到社会主义现代化建设上来的决定""关于开展实践是检验真理的唯一标准问题的讨论""关于进行国民经济调整、改革、整顿、提高和军民结合的方针""关于进一步加强并改善党的领导的措施"等这些路线、方针和政策都是完全正确的、非常及时的。学习后青年工人觉得，"学习党的路线实在好，学不学大不一样，学出了中共中央领导的信任感，学出了贯彻党的路线的责任感，学出了为四个现代化建设作贡献的光荣感"。青年工人政治觉悟的提高，使他们对党有了正确认知，对上海小三线建设有了高度认同。

其次，提高了青年工人生产的积极性。学习之前，据时任上海市电子元件二厂党支部书记唐余田回忆，"厂里有四个'成风'：迟到早退成风，上班东荡西游成风，车间里看书睡觉成风，工人中搬弄是非、骂人打架成风。到厂不久，我们进行了两次劳动纪律检查，竟发现4个车间中有2个车间1/3以上的工人看闲书或睡觉。技术人员和有上进心的青年想通过读书拿到文凭'飞'出去"。时任金工车间主任姚亚南同样回忆，"我们车间共有62名工人，其中80%以上是青年，是厂里男青工比较集中的车间。过去，不少人春天搞赌博、夏天捉知了、秋天斗蟋蟀、冬天烤火炉，平时开口骂人、动手打人已经习以为常，甚至还自称'这是我们金工的脾气'"。学习之后，青年工人提高了生产积极性，如小三线协同机械厂的大件班青年工人通过学习文化技术知识，在1982年整个小组累计完成工时达31859.4小时，占全车间完成任务总数的1/5，平均每人完成率达291%，在所有车间中是最高的。

再次，形成了青年工人的引领示范效应。通过组织青年工人进行文化技术学习，一批又一批劳动模范和先进个人不断涌现。如1980年小三线协同机械厂就评出了9个先进小组，152名优秀党员，占党员的8.3%。在增产节约活动中，全公司有16名先进突击手，3名优秀团干部，6个新长征突击队。这一系列先进集体和个人，在各个岗位上都很好地发挥了模范骨干作用，促进了队伍建设，促进了安定团结，使广大职工中出现了"五多"：参加社会活动的人多了，做好事的人多了，认真做好本职工作的人多了，争取为四个现代化多作贡献的人多了，发扬艰苦朴素作风的人多了。

最后，提升了小三线企业的经济效益。文化技术的补习，提升了青年工人的综合素质，使企业整体效益得以提升。以八五钢厂为例，1982年上半年，生产进展缓慢，到了7月，按同口径计算，仍然亏损12万元。然而通过开展职工培训，厂内职工掌握了从经济学角度和国内外企业经营管理经验来看问题的能力，尤其是在统一领导班子成员和中层干部对实行经济责任制的重要性和必要性有了更深刻的认识后，八五钢厂制定了包干指标45项、保证指标722项、协作指标172项，并进行了层层分解和落实。通过贯彻经济责任制，八五钢厂的生产形势很快就得到了改善，经济效益明显提高。产量基本实现了稳产高产，利润也有了显著增长。1982年1月至8月，同口径盈利为51万元，9月和10月两个月成本为114万元；1月至8月成本下降率为3.08%，9月和10月两个月成本下降率达11.7%。

## 四　技术转移后的实效

协同机械厂在调整交接后，一方面将大部分固定资产留在安徽宁国；另一方面将部分设备和技术人员迁回上海，与上海重型机械厂联营。本部分将重点讨论协同机械厂技术转移后的实效，包括与上海重型机械厂的联营和宁国县对协同机械厂等小三线企业的利用。

### （一）与上海重型机器厂的联营

根据国务院关于小三线调整改革的指示和上海市与安徽省在1985年1月签订的上海小三线工厂调整方案，协同机械厂属于第三类企业，即关停企业，主要原因如下：①随着国民经济的调整，军品任务逐年下降，协同机械厂生产的新40火箭筒已在部队中齐装配套，后续如若需要也是由兵器工业部直属工厂进行生产，不再需要协同机械厂供货；②协同机械厂生产的民品BA型水泵是上海第一水泵厂的品牌，调整转产后上海第一水泵厂将其收回，协同机械厂既无主导产品，也无法重新开发新产品；③协同机械厂地处交通不便、远离县城的山区，车间分散，组织生产能力较弱。1985年协同机械厂与上海市重型机器厂签署了联营协议，共同组建上海重型机器厂第一分厂。该厂的生产纲领是年产413台、3320.5吨的产品，包括610×400的双辊破碎机、600×750的双齿辊破碎机。

但由于协同机械厂技术基础较弱，对上海重型机械厂的技术方面并无支援，甚至需要上海重型机械厂"补贴"才能存活。以技术人员为例，协同机械厂在确定联营后，安排职工以劳务合同的形式进入上海重型机械厂工作，其间所有工作均受上海重型机械厂考核，且协同机械厂不仅需要按照全厂人均月工资、生产奖金、福利费等各种津贴、副食品补贴、劳动防护用品的标准支出总计165.94元的费用另加30%的管理费，共计人均每月215.72元，还需向上海重型机械厂提供每人每月180元的"福利费"。联营资金方面，在协同机械厂回沪后的安置上，资金方面协同机械厂自筹290万元，上海重型机械厂支援约235万元，配比将近1∶1。以此来看，更像是上海重型机械厂对协同机械厂的援助。

## （二）宁国县对转移技术的利用

宁国县地处皖南丘陵区，地势起伏不平，南部较高，北部较低，而东西地势也呈现山脉和河谷的交错。河谷平原和高原地区面积有限，因此导致了人均耕地稀缺的局面。然而，宁国县的气候温和，降水充沛，土壤相对来说比较肥沃。从秋粮（主要是水稻）的亩产量来看，在1949—1965年，最低亩产量为95公斤，最高甚至能达到203公斤。尽管宁国县的自然环境并不能让人们富裕起来，但相对宜人的气候和土壤条件为当地居民提供了相对舒适的生活环境。这也导致了宁国县长期以来将农业视作经济的主要支柱，相对忽视了工商业的发展。新中国成立后，宁国县的工业逐步发展，尤其在1970年国家提出了地方"五小"工业发展计划（小化肥、小农药、小农机、小水电、小煤矿）后，相继兴建了化肥厂、农药厂、橡胶厂、水泥厂、胜利煤矿等项目，全民和集体工业企业取得了显著的成就。1975年，全民和集体工业企业的总产值达到了2054.06万元，比1952年的1473.99万元有了显著提升，而到了1986年更是达到了7635.00万元。然而，尽管工业取得了如此显著的成就，但农业经济依然保持着主导地位，1978年农业总产值占工农业总产值的比例为66.3%。1985年，农业总产值仍占工农业总产值的51%以上。直到1986年，农业总产值才略微下降，占工农业总产值的47.5%。

可以说，1986年之前宁国县的经济基础相对较为薄弱，尽管有一定发展，但增长速度并不明显。然而，从1987年开始，该县的经济迎来了一次飞速发展，工业总产值在1986年占工农业总产值的比例为52.5%，随后迅速增长至69%。飞跃的基础，就是上海小三线企业的调整交接。

1966—1976年，上海在宁国县境内兴建了后方小三线企业单位14个。1985年国务院决定将三线企业移交地方，提出"调整改造、发挥作用"的方针。同年7月，宁国县政府成立接收小三线办公室，制定了利用改造发展县属工业的规划，先后抽调了干部、科技人员125人深入基层边接收边落实规划实施，至1987年底此项工作结束。宁国县的小三线企业总占地面积1448.19亩，房屋建筑面积19.02万平方米，固定资产净值2416万元，流动资产617.4万元，均以无偿移交形式接收。接管后，这些企业的主管权归属县政府，固定资产和流动资金则由县财政和银行部门进行管理。其中，经过工业利用改造的小三线企业共有11家，新设立了19家企业。按照经营体制划分，其中国营企业5家、集体企业14家。在集体企业中，二轻系统2家、其他部门1家、乡镇企业11家。截至1987年末，通过对小三线企业的利用改造，县属工业的新增工业产值达到了2560万元，带来的利税为367万元。

## 五　本章小结

协同机械厂是位于安徽宁国的，由上海电焊机厂和上海鼓风机厂包建的主要生产新40火箭筒的上海小三线军工企业。其在承接生产设备和人员后，完善了技术制度，实现了对新40火箭筒的技术改进，留下的设备对宁国当地的经济发展起到了一定作用。总体来看，以协同机械厂为代表的单一技术改进模式有如下特点。

第一，技术改进多为对承接技术的"小修小补"。无论是镀铬工艺，还是芯杆代替技术，虽然在一定程度上降低了新40火箭筒的试验成本，提升了企业的经济效益，也显示了技术转移在提升效率和降低成本方面的积极影响，但均是在原有生产技术基础上的改进，依然停留在技术转移的初级阶段，未能实现技术消化吸收后的深度创新。

第二，技术改进采取独立自主的方式。新40火箭筒的镀铬工艺和芯杆代替技术均是协同机械厂独立完成，虽说独立自主的态度是技术转移中必不可少的，但是对于协同机械厂这一从上海转移的企业来说，在安徽宁国的技术基础较差、备战的初始考虑、技术人员略显不足等种种因素的制约下，其技术转移活动更需要外部的技术援助来稳定生产，进而才能创造技术创新的空间。

第三，未能实现技术的推广。协同机械厂自始至终均是在谋求完成国家交代的新40火箭筒的生产任务，技术活动也是围绕这一目标展开。虽然芯杆代替技术获得了上级部门的肯定，但随着我国军工需求的降低、军工产品大量停产，这一技术最终也未能实现大力推广。

第四，对技术人员的培养局限性较强。协同机械厂由于军工企业的特殊属性，并未吸纳过多宁国当地工人进厂学习专业技术，而只是给厂内工人和部分当地工人提供了一个"补学历"的机会，这对当地的影响是极其有限的。虽说在上海小三线调整交接后，宁国县利用协同机械厂等小三线企业留下的设备和资产实现了快速发展，但整体技术水平仍然较低，大量技术人员的回归也让宁国只能停留于设备的使用层面，未能激发进一步的创新。

# 联合技术创新模式
## ——以协作机械厂为例

第三章

　　联合技术创新模式是上海小三线技术转移模式的其中一种，协作机械厂（9383厂）是这一模式的代表企业之一。协作机械厂是由中华造船厂和上海起重运输机械厂在浙江临安包建的、以生产新40火箭弹为主要任务的上海小三线军工企业。本章将重点从协作机械厂的技术来源、新40火箭弹尾杆技术的创新、创新后的质量管理和技术转移成效四个方面讨论协作机械厂的技术转移历程，总结联合技术创新模式的内容和特点。

## 一　技术的来源和承接

　　转移技术的顺利承接是技术消化吸收创新前的必需工作。作为从上海转移至浙江临安的小三线军工企业，协作机械厂的一切工作均是从零开始。本部分将从协作机械厂的技术来源、厂址确定和生产工作启动三个方面讨论协作机械厂在技术创新前的准备工作。

### （一）转移技术的来源

　　协作机械厂的技术源自中华造船厂和上海起重运输机械厂两个包建单位。首先，为确保技术的有效转移，中华造船厂和上海起重运输机械厂在支援协作机械厂前，联合上海第二设计院和上海城市规划院等单位组建了11人的调查研究工作组，赴老40火箭筒、老40火箭弹和75无后坐力弹的对口厂——282厂与743厂进行了全面学习和深入摸底，并采取"先学习后培训再转移"的方式，先行消化吸收生产技术。

其次，在人员配备上，根据上级决定，协作机械厂需配置各类人员400余人，包括工人、干部和主要非生产人员。在主要技术人员方面，为满足协作机械厂的生产需求，中华造船厂支援了老40火箭弹生产所需的干部及生产技术工种人员，而上海起重运输机械厂支援了75无后坐力弹生产所需的技术人员，各级行政干部及通用工种人员由两厂协商配置（两厂各承担一半）。在其他人员分配方面，中华造船厂及上海起重运输机械厂在厂内积极动员，最终使协作机械厂在建厂初期，技术工人占比达到1/3。此外，考虑到中华造船厂和上海起重运输机械厂因支援协作机械厂可能耽误自身生产计划的情况，上海市机电一局给中华造船厂和上海起重运输机械厂分配了300名符合条件的技工学校毕业生。

协作机械厂通过资源整合，在建厂初期基本备齐了生产所需的各类设备。其中，标准设备向国家申请购置，部分专用设备则由上海机电一局技术三处安排生产，工装制造由包建厂负责，其中老40火箭弹的主要工装制造了两套，并适当加大了消耗较大零件的制造力度，总工时在8万~10万小时；而75无后坐力弹的主要工装也各制造了两套，并对部分消耗较大的零件进行了适当补充，总工时在20万~22万小时。专用设备方面，中华造船厂和上海起重运输机械厂各制造了一套，总工时在3万~3.5万小时。

总体而言，协作机械厂的技术来源呈现多方合作、资源整合的特征。通过包建单位的大力支持，协作机械厂快速积累了技术创新所需的各类人员和设备，为后续发展奠定了坚实基础。

### （二）厂址的选定

中共华东局和上海机电一局根据中央指示统筹协作机械厂的建厂工作。1966年2月24日，上海机电一局组织技术人员在浙江省临安县昌北区进行了第一次厂址勘察。经过对几个点的勘察后，技术人员认为选择昌北区石骨坞作为协作机械厂的厂址较为合适。但当上海机电一局将勘察结果上报后，指挥部复查认为石骨坞地理位置特殊，不符合备战要求。1966年6月上海机电一局又组织了第二次勘察工作，当技术人员勘察到临安县昌北区太平公社仁里大队深坑坞时一致表示，"其位置在浙江省的西北部，与安徽交界。这里地势险峻，周围都有高山，支坞很多而且比较曲折，山上大部分种有常青树，这样的地形完全能做到分散、隐蔽的要求。但是这里离小城镇比较远，在生活依靠上有一定困难，所以有些生活方面的东西必须厂里自己办。总的来说，选择仁里作为9383厂的厂址我们认为是比较适宜的，是完全符合中央指示精神的"。因此，经过一个月的勘察，并经指挥部二次查看后，中共华东局和上海机电一局最终选择将浙江省临安县昌北区太平公社仁里大队深坑坞作为协作机械厂厂址所在地。

在设计建厂方案前，筹建组工作人员考虑该地东北部有龙石岩，南部有大山，东南部有黄毛尖、滴水岩和马鞍山，西南部有胜水岩，四周被高山包围，其制高点之间的直径约5000米，地势险要，地形复杂，在防空上比较有利，符合靠山分散隐蔽的方针。但地处天目山区，受气候和地形影响年内雨量分配不均，有两个相对明显的雨季和两个相对明显的干旱期，洪涝和干旱灾害常交替出现。故上海机电一局委托临安县对厂址周围进行实地勘察，考虑在合适地点建立厂用水库。1966年9月21日至22日浙江省水利电力勘测设计院4人联合临安县水利部门技术人员自呼日塘向上游勘察，直至浙江安徽交界处结束。

事后浙江省水利电力勘测设计院就勘察结果形成报告，向上海市机电局昌北厂负责人及县区有关同志汇报。报告称，原临安县水利局提出的倒龙山上坝址方案有以下几点问题。第一是枯水流量偏大较多，因而保证出力及装机均相应偏大。第二是以1918年洪水504立方米/秒的流量作为设计洪峰流量，经计算，该处洪峰流量将达到1085立方米/秒。如此大的洪峰流量用洞来泄洪是不现实的，必须开挖两个6米×8.5米的泄洪洞。但当地地质条件不佳，建设成本较高。根据上述情况，调查组认为倒龙山上坝址的预计装机量远不能满足厂方用电的需要，因此建议放弃临安县原本的方案，即倒龙山上坝址的方案，并认为将水库建设在倒龙山下坝较好。至此，协作机械厂的厂址选择工作基本完成。

### （三）生产工作的启动

1966年5月至1966年6月，在上海机电一局领导下，上海起重运输机械厂、中华造船厂、上海第二设计院和上海市城市规划院4个单位共计11名成员组成了调查研究工作组，在对老40火箭弹和75无后坐力弹生产技术进行全面学习和摸底后于1966年6月9日完成了《建厂设计任务书》（以下简称《任务书》）。《任务书》中规定筹建工作组在上海机电一局统一领导下，由上海起重运输机械厂和中华造船厂协商组成，人员12~15人，工作组负责人由机电一局和两厂党委研究决定，并吸收当地县区负责干部参加工作组，便于开展工作。其他具体人员均由两厂协商抽调。筹建工作组成立后分两部分开展工作：一部分人员抓前线的基建施工工作，如征收土地、落实建筑材料，组织民工平整土地，搞好厂社关系等；另一部分人员是抓后方的生产准备工作，如设备订货、工装制造、人员培训等。施工队伍是专业队伍与地方队伍相结合，其中专业队伍由筹建工作组统一安排，对主要厂房进行施工。辅助劳动力由地方民工承担，由专业队负责管理，厂方协作解决具体问题。一切生活福利设施全部交给地方，厂方只作监督。在组织机构上，协作机械厂最初设立了3个办公室、2个科室和4个车间。3个办公室是生产办公室、技术办公室和行政办公室，2个科室是技术检查科和财务科，4个车间是75无后坐力弹加工车间、老40火箭弹加工车间、装药车间和装配车间。

1966年11月2日，上海市机电一局向上海市经济计划委员会上报了协作机械厂扩大设计的方案。上海市经济计划委员会基本上同意了扩大初步设计方案的意见，并就有关设计方案的具体问题作出如下批复。

一、同意75无后坐力炮弹和火箭弹厂在浙江省临安县昌北区桥岭进行建设，对外名称为协作机械厂。

二、全厂职工总人数为505人，为贯彻厂社结合、亦工亦农的劳动制度，确定在职工总人数中固定职工为430人，从当地吸收合同工75人。

三、全厂建筑面积为14047平方米，其中生产用房8662平方米，办公及生活用房5385平方米。

四、关于炮筒厂及弹厂的靶场应该按照华东局计委关于两厂设计任务书的批文中"两个厂合用一个靶场、靶场设在弹厂"的决定。靶场的靶道射程在300米以内。超过300米以上的试验请华东局国防工办安排解决。人员、设备及投资由两厂分别负担，具体位置在宁墩至呼日塘的公路两侧进行选择。

五、有关精密工艺装备的制造，由9337厂协作解决。

六、关于该厂的厂外道路，为了加强与安徽徽州地区的联系，同意修筑从洪门至岛石坞的专用线路，投资约75万元。在扩大初步设计方案中已列投资的不足部分，应予以追加。

七、厂外高压输变电工程，可从洪门变电所接出3.5万伏线路，架设至厂附近；并建造变电站一座。再从该站引出1万伏的线路至厂内变电站，全部投资约84万元，应包括在总概算内。

八、全厂投资总额为704万元。在进行施工图设计和施工过程中，原有的地形地貌不得任意破坏；坚决贯彻勤俭节约的方针，坚持生产从实、技术从新、生活从简的原则，尽量少增设备和控制非生产性的开支。

1966年底协作机械厂建厂方案最终确定，上海市建工局406公司负责承建工作。1968年初协作机械厂的主厂房和部分生活住房的建设基本完成，同年10月厂职工陆续进厂并开始试制工作。从调查研究到任务书的制定，再到施工队伍的组织和工厂内部机构的建立，这一时期协同合作和紧密组织成为推动协作机械厂顺利建设的关键。

## 二　新40火箭弹尾杆生产技术的创新

1970年协作机械厂在上海机械制造工艺研究所的协助下，开始对新40火箭弹主要零件的生产工艺进行改进，其中压铸尾杆工艺的创新尤为重要。在这一技术创新中，协作机械厂充分利用了外部的智力资源和先进设备，最终实现了技术创新。本部分将重点讨论新40火箭弹压铸尾杆工艺的创新过程，包括新40火箭弹工艺的定型、技术试验和鉴定、产品在军区实测的结果，最后压铸尾杆定型生产的全过程。

### （一）原尾杆生产工艺的不足

新40火箭筒和火箭弹的雏形是1955年苏联ⅡT-2式火箭筒和火箭破甲弹，其1956年经军委批准定型，命名为56式40毫米火箭筒和火箭弹。火箭筒全重2.8千克，直射距离100米，破甲厚度100毫米/65度，发射速度4～6发/分。协作机械厂在1968年底试制出第一批老40火箭弹，并迅速投入使用。1969年11月五机部在北京召开会议，通报了珍宝岛战役中中国军队面对苏联新研制的T-62坦克时，老40火箭弹无法对其造成有效攻击，并指示国内各工厂对老40火箭弹进行改进。改进后的40火箭弹于1970年6月经五机部批准定型，命名为56-1式40毫米火箭弹，简称"改40火箭弹"。但改进后的40火箭弹效果仍旧一般，在面对苏联新式坦克时，老40和改40火箭弹弹头引信来不及爆炸便已打滑飞走。随即湖南282厂经攻关研究设计出新40火箭弹。协作机械厂接五机部指示，按湖南282厂设计的产品图纸率先进行试生产。

新40火箭弹由三部分组成，即战斗部、发动机和弹尾，总长约1米，有效射程是300米，穿透能力是200米/秒以上且杀伤力极强，800～1000毫米的钢筋混凝土都能穿透。据原协作机械厂厂办秘书徐梦梅回忆，"我厂空运100发新40火箭弹到前线起了关键作用。后来击毁了苏联的新型坦克"[①]。

---

① 中共上海市委党史研究室、上海市现代上海研究中心编《口述上海：小三线建设》，上海教育出版社2013年版，第356页。

新40火箭弹的工作原理是射击前要将弹尾拧在发动机上，然后装入新40火箭筒才能击发。射击时扣动扳机进而撞击底火，底火发火冲破尾杆前的保护片从而引燃装在尾杆中的黑火药，再引燃双基药进而将火箭弹推出，零点几秒后点火具的延期药引燃，发动机中的火箭药被引爆，使火箭弹增速向前飞行。碰上目标后头部的压电晶体受压瞬间产生高压电流并从战斗部的两条电路中引向装在副药柱内的压电引信。压电引信引爆后将主副药柱引爆，巨大的能量聚集在中间把锥形的纯紫铜药型罩熔化，形成一股高温高速高压的金属流向前飞去，可将对方坦克里面的人员、仪器弹药摧毁。

然而这一生产过程并非一帆风顺。1969年珍宝岛事件发生后，根据战备形势的需要，协作机械厂由试制老40火箭弹改为试制新40火箭弹，在加工尾杆、涡轮等部件时几乎动用了全厂所有的铣床和车床，奋战到年底才生产出1000枚，这也暴露出新40火箭弹生产和设备不足的矛盾。新40火箭弹尾杆的生产工艺最初是采用铝棒作为尾杆的原材料，这一工艺的弊端较为明显，不仅定额时间长达40分钟，而且铝棒作为当时中国飞机制造的主要材料，供应较为紧张，这成为限制新40火箭弹批量生产的重要因素之一。原协作机械厂副厂长赵岳汀回忆，"尾杆原本需要使用直径40毫米的合金铝棒进行打孔，铝槽钻孔后才能形成。这不仅浪费了大量的铝材，还需耗费加工切削的能耗和人工"[①]。可见，当时的工艺存在明显的不足。然而，危机往往催生创新。为了克服新40火箭弹生产的困境，协作机械厂积极探寻解决之道，于1970年与上海机械制造工艺研究所合作，开始试验研究一项新的尾杆工艺。这一重要的尝试不仅获得了军方的支持，还得到了炮兵司令部、总后装备部、五机部、上海工交组军工组，以及后方基地党委的大力支持。这种协同合作的背后，凝聚着各方共同的努力和智慧，共同推动了新40火箭弹的生产。

---

① 徐有威、陈东林主编《小三线建设研究论丛》第三辑，上海大学出版社2018年版，第74页。

## （二）压铸尾杆生产技术的研制

### 1.摸索配料和尾杆结构阶段

1970年4月20日，协作机械厂技术人员用铸铝压铸的第一批压铸尾杆铸件进行靶场试验，弹尾装药量是128.4克（膛压在产品正常要求范围内），在常温300米的条件下进行3发实弹射击试验，均能到达300米立靶。1970年8月8日，协作机械厂技术人员再次对6种不同配方的压铸尾杆进行靶场试验（见表3-1）。

表3-1　不同铸铝的压铸尾杆靶场试验比较表（装药128.4克）

| 材料 | 机械性能比较 | 膛压（千克/平方厘米） | 发数 | 靶场试验效果 |
|---|---|---|---|---|
| 1 | 压铸尾杆成品比Ly12破断，负荷差1100千克 | 815，816 | 2 | 全断在膛内，M20×0.75[①]螺纹处断 |
| 2 | 压铸尾杆成品比Ly12破断，负荷差1100千克 | 791，856，809 | 3 | 2发上靶，中途断1发 |
| 3 | 压铸尾杆成品比Ly12破断，负荷差1340千克 | 831～871 | 7 | 3发上靶，断4发 |
| 4 | 抗拉强度高达41.5千克/平方毫米，发脆 | 732～870 | 4 | 断4发 |
| 5 | 抗拉强度高达41～46千克/平方毫米，发脆 | 903，876，891 | 3 | 断3发 |
| 6 | 抗拉强度高达20～26千克/平方毫米，延伸4%～9% | 741～871 | 9 | 6发上靶，断3发 |

通过28发实弹射击试验，协作机械厂技术人员发现折断部位多数在M20×0.75螺纹处，少数在加强铆钉处。随即协作机械厂、上海机械制造工艺研究所技术人员和驻厂军代表在分析后一致认为M20×0.75螺纹处断裂可能有两个因素：一是模具浇口选择不当，当时铝水浇口选择在φ19端，浇口与M20×0.75螺纹处距离远，压力和铝水传速量小，造成M20螺纹端有气孔、缩松，结构不好；二是M20×0.75螺纹处是尾杆受力最大部位。为了证明这一判断正确与否，1970年9月5日技术人员将M20×0.75螺纹增加到M21×0.75，与M20×0.75的尾杆做对比试验（见表3-2、表3-3）。

---

①　M20×0.75表示直径为20毫米、螺距为0.75毫米的螺纹，余同。

表 3-2　尾杆头部外螺纹仍为 M20×0.75 的压铸弹尾试验

| 材料 | 材料状态和机械性能比较 | 膛压（千克/平方厘米） | 发数 | 靶场试验效果 |
|---|---|---|---|---|
| T号材料 | 强度 19.5～22 千克/平方毫米，延伸 4% 左右 | 749～822 | 7 | 7 发全上 300 米靶 |
| T号材料 | 强度 13.5～19 千克/平方毫米 | 749～822 | 7 | 7 发全上 300 米靶 |
| 8号材料 | 强度 20 千克/平方毫米，延伸 8%～15% | 779～865 | 7 | 2 发上 300 米靶，5 发断 |
| 8号材料 | | 771～821 | 4 | 1 发上 300 米靶，3 发断 |

表 3-3　尾杆头部外螺纹由 M20×0.75 改为 M21×0.75 的压铸弹尾试验

| 材料 | 材料状态和机械性能比较 | 膛压（千克/平方厘米） | 发数 | 靶场试验效果 |
|---|---|---|---|---|
| T号材料 | 强度 19.5～22 千克/平方毫米，延伸：4% 左右 | 777～838 | 7 | 7 发全上 300 米靶 |
| T号材料 | 强度 13.5～19 千克/平方毫米 | 777～838 | 7 | 6 发上 300 米靶，1 发断 |
| 8号材料 | 强度 20 千克/平方毫米，延伸 8%～15% | 779～865 | 7 | 7 发全上 300 米靶 |
| 8号材料 | | 771～821 | 7 | 7 发全上 300 米靶 |

　　通过实弹射击试验，协作机械厂技术人员发现在其他条件相同的情况下，把尾杆头部的螺纹由 M20×0.75 改为 M21×0.75 后，对整个弹尾的强度可以起到加强作用。但压铸铝合金的延伸率太高也不能符合本零件的要求，故技术人员初步确定了用 T 号材料。1970 年 10 月 15 日，协作机械厂技术人员对 T 号材料经时效处理的压铸尾杆再次进行考核后发现本批压铸尾杆的强度达到抗拉强度（见表 3-4）。

　　1970 年 11 月 19 日，协作机械厂技术人员将采用 T 号材料经时效处理的压铸尾杆进行靶场试验，并把头部外螺纹改为 M22×0.75，结果基本符合设计要求。

表 3-4　T 号材料时效处理的压铸尾杆弹尾靶场试验

| 尾杆同步外螺纹 | 试验条件及膛压（千克/平方厘米） | 发数 | 靶场试验效果 |
|---|---|---|---|
| M20 × 0.75 | 常温 300 米散步精度（128.4 克药） | 23 | 全部上 300 米靶，按 21 计散步精度 0.27 × 0.265 |
| M20 × 0.75 | 高温膛压 782 ~ 863（128.4 克药） | 21 | 17 发上 300 米靶，4 发断落中途 |
| M20 × 0.75 | 高温高膛压 916 ~ 999（140 克药） | 7 | 2 发上 300 米靶，5 发断落中途 |
| M21 × 0.75 | 常温 300 米散步精度（128.4 克药） | 25 | 24 发上 300 米靶，1 发断落，精度 21 发计 0.296 × 0.432 |
| M21 × 0.75 | 高温膛压 771 ~ 898（128.4 克药） | 21 | 19 发上 300 米靶，2 发断落 |
| M21 × 0.75 | 高温高膛压 941 ~ 1022（140 克药） | 7 | 6 发上 300 米靶，1 发断落 |
| M21 × 0.75 | 高温高膛压 970，964，986，无加强铆钉 | 3 | 3 发均断落 |

### 2.改进模具和结构阶段

经过前一阶段的试验，协作机械厂技术人员初步摸索到了材料配方规律和尾杆受力的主要规律，随即按照实验数据制出了新一批压铸模具，使压铸时浇铸方向改为从闭气盖端浇入，加强铆钉由压铸时直接铸出，从而提高受力集中端原部位的质量和加强整个压铸尾杆的强度和刚性，同时将 M20 × 0.75 改为 M22 × 0.75。1971 年 8 月 15 日，技术人员对新模具压铸的压铸尾杆进行物理和靶场试验，结果显示，在这一批压铸尾杆中抽 10 根进行尾杆整体破断负荷值拉力试验，其破断负荷为 2210 千克、2070 千克、1880 千克、2140 千克、2210 千克、1890 千克、1780 千克、1710 千克、1930 千克、1840 千克，其破断位置均在涡轮端的螺纹处（见表 3-5）。

经过 43 发试验后，技术人员发现由于新的压铸模具设计比前面的合理，对于加强压铸尾杆零件强度起了重要的作用，并认为用此压铸工艺和模具生产的尾杆基本符合产品的实际设计要求。为更进一步考核压铸尾杆的工艺性能，协作机械厂技术人员于 1971 年 9 月再次用新压铸模具连续生产出了5000个压铸尾杆铸件，分37炉进行了机加和各种物理性能测试及靶场试验（见表3-6）。

表3-5　第二批（新模）压铸尾杆弹尾靶场试验记录

| 试验项目 | 膛压（千克/平方厘米）或精度 | 发数 | 靶场试验效果 |
|---|---|---|---|
| 正常装药常温300米精度 | 精度：0.285×0.329，0.535×0.665，0.683×0.436<br>平均：0.501×0.473 | 22 | 22发均到300米靶 |
| 135克装药高温高膛压试验 | 膛压$p_{max}$：1022，$p_{cp}$：978，$p_{min}$：944 | 7 | 7发均到300米靶 |
| 140克装药高温高膛压试验 | 膛压$p_{max}$：1091，$p_{cp}$：1058，$p_{min}$：1038 | 7 | 7发均到300米靶 |
| 145克装药高温高膛压试验 | 膛压$p_{max}$：1129，$p_{cp}$：1117，$p_{min}$：1094 | 7 | 7发均到300米靶 |

表3-6　小批生产压铸尾杆靶场试验表

| 试验项目 | 膛压（千克/平方厘米）或精度 | 发数 | 靶场试验效果 |
|---|---|---|---|
| 正常装药125克常温300米精度 | 精度：0.313×0.414 | 22 | 19发上300米靶，2发因发动机不工作而近弹，拾回尾杆和发动机连在一起，另一发到300米靶但脱靶，不是尾杆原因 |
| 135克装药高温高膛压试验 | 膛压$p_{max}$：1048，$p_{cp}$：1000，$p_{min}$：931 | 22 | 16发上300米靶，6发因与室底连接M16×1.5螺纹烧蚀而半途脱落，尾杆其他部分的情况良好 |
| 140克装药高温高膛压试验 | 膛压$p_{max}$：1218，$p_{cp}$：1173，$p_{min}$：1133 | 21 | 16发上300米靶，5发因与室底连接M16×1.5螺纹烧蚀而半途脱落，尾杆其他部分情况良好 |
| 130克装药高温高膛压试验 | 膛压$p_{max}$：912，$p_{cp}$：816，$p_{min}$：792 | 22 | 21发上300米靶，1发因与室底连接M16×1.5螺纹没有拧到位置所以半途尾杆脱落，拾回尾杆其余部分均完好，这是射击时装备不正常所致 |

在1971年10月和11月两次87发试验后，技术人员发现该批压铸尾杆在正常装药量的情况下（膛压不大于900千克/平方厘米），经1700千克拉力试验后压铸尾杆弹尾强度是符合要求的。于是技术人员初步以1700千克

为标准。

### 3.采用吹氧压铸和运用超声波检验阶段

在前一阶段试验中，协作机械厂技术人员意识到铸件的机械性能不及铝棒，要提高机械性能必须增加热处理工艺，但当时国内外资料显示，压铸铝件一般是不能热处理的，究其原因是金属液会以很高的速度充满铸型，型腔内的气体如若没有及时排出，会被包在铸件中形成皮下气孔。压铸铝合金由于存在这种缺陷故而不能进行热处理，如果热处理后就会出现气泡和变形。上海机械制造工艺研究所技术人员改进了原料配方，增加了铜、锌等成分，经热处理试验数次，均出现铸件起泡和严重变形现象。

对于如何排除模腔空气，当时国内外是采取真空压铸的方式，即在原有压铸设备中增添真空系统（密封罩、管路、真空罐、过滤器、真空控制阀、单向阀、真空泵）。真空压铸的优点有以下三个方面：一是可以显著减少铸件的气孔，据生产中的统计，废品率可以由30%降为5%左右，有的铸件甚至降至1%以下。对于壁厚均匀的铸件采用真空压铸后基本上可消除气孔。二是可以提高铸件的机械性能。由于排除了型腔内的气体，金属液在充填型腔的过程中直接与型壁接触，加快了冷却速度，细化了铸件的结晶组织，增厚了铸件的激冷层，从而提高了铸件的机械性能。三是可以改善铸件的表面质量，提高铸件成品率。但当时协作机械厂并没有条件开展上述实验。故协作机械厂在了解国外吹氧工艺后，选择和上海机械制造工艺研究所共同研究攻关，最终经过多次试验后掌握了吹氧压铸技术。协作机械厂在使用这一技术时一方面注意通过热处理淬火来提高其机械物理性能，另一方面注意正确选择压铸涂料，其中胶体石墨剂是较理想的涂料之一。此外协作机械厂技术人员还发现由于吹氧压铸件可以进行淬火热处理，所以压铸件机械性能的好坏取决于铝合金材料本身，提供良好压铸性能及高机械性能的压铸铝合金是一项重要工作。

与此同时，对于压铸尾杆的检验，当时多数厂选择采用拉力试验。但拉力试验是有损检验，容易造成内应力和内在损伤。X光射线方法虽然可靠，但新40火箭弹内部构造较为复杂，若每根尾杆都采用X光射线方法的话成本过高。协作机械厂为解决这一技术难题，积极与广东汕头超声波仪器厂联系，在引进最新设备的基础上进行改进，试验出了对尾杆的超声波检验方法。这一引进的技术基本上解决了压铸尾杆的检验问题。超声波检验方法的原理是频率在20000赫兹以上的声振动称为超声振动。超声振动在弹性介质里传播，称为超声波。超声波的传播方向与介质质点振动方向一致的叫作纵波，与介质质点振动方向互相垂直的叫作横波。用来探伤的超声波频率在$0.5 \times 106$赫兹~$15 \times 106$赫兹。由于超声波的频率高，在同一弹性介质中呈直线形传播，并且能保持传播速度的恒定性，这就提供了对铸件中缺陷定位和准确测定传播时间的可靠性。超声波在声阻抗率（弹性介质密度与超声波在此介质中传播速度的乘积）相异的介面上产生反射，根据反射回来的声波可以判断介质内部材质是否连续，从而判断有无缺陷。超声波的指向性好，可以定向发射和接收，正确显示缺陷在工件内部的位置及在工件表面上的投影位置。超声波穿透力强，在某些工件中可达数米。超声波倾斜射入异质介面且第二介质为固体时，能产生折射纵波和横波，传播方向不同。同时也不同于入射波的方向。通过选择入射角度可保留折射横波，排除折射纵波，从而能从不同的角度探寻工件缺陷，解决复杂性的探伤问题，测量铸件表面裂纹深度和焊缝探伤。

　　总体而言，在协作机械厂的前期试验中，技术人员发现铸件机械性能不及铝棒，需增加热处理工序。然而，彼时国内外资料普遍指出压铸铝件难以热处理，即使上海机械制造工艺研究所之前尝试多次热处理，仍会出现铸件气泡和变形的情况。协作机械厂与上海机械制造工艺研究所合作，在了解国内外先进的真空压铸工艺后，研究出了适合其生产需要的吹氧压铸技术，通过淬火提高机械性能，正确选择涂料并引入真空系统。同时，通过引进超声波检验技术解决了压铸尾杆的缺陷检测问题，解决了复杂性探伤问题，使压铸尾杆工艺愈发成熟。1970—1972年协作机械厂生产压铸尾杆30000多件，其中压铸工艺特别是吹氧压铸工艺较为适用，超声波检验方法也日趋稳定，基本达到使用要求。

这期间协作机械厂还被五机部安排接待朝鲜军事考察团。考察团参观了新40火箭弹的零部件生产连队、总装连队和工装及机修连队，参观了靶场破甲和精度试验，并记录了试验结果，观察弹道炮的结构。考察团在参观过程中提出了15个比较主要的问题，其中有13个是协作机械厂生产中的问题，如延期时间长短对精度的影响问题，制造单发弹需要的工时，铝合金淬火、退火温度等问题，另外提出产品主要材料的成分数据和协作件供应单位等问题，协作机械厂分别给予答复。

### （三）压铸尾杆的鉴定与实弹试验

#### 1. 压铸尾杆技术的鉴定

1972年5月，协作机械厂技术人员在总结前一阶段试验后认为，通过15次靶场试验和数次其他有关试验，压铸尾杆工艺得到了改进，质量逐步提高，具体表现为以下方面。第一，通过各种不同的铸造铝合金的比较，找到了既有较高强度，又有一定塑性的压铸铝合金，保证压铸尾杆的强度和塑性。第二，找到了具有少气孔、少缩松、少夹渣，良好压铸性能的模具，保证尾杆压铸件受力集中部位的强度。第三，改变压铸尾杆受力集中部位的几何尺寸，从而使压铸尾杆受力集中部位的强度超过原工艺的强度，保证尾杆射击时不脱落。第四，充分利用压铸工艺的特点，将加强铆钉一次压铸成型，从而大大增强压铸尾杆零件的刚性。第五，增长与尾杆相连接的室底螺纹的长度，从原来的8毫米增加到11毫米，使尾杆在飞行中连接更加可靠。第六，针对压铸尾杆铸件质量不均匀的弱点，对压铸尾杆机加半成品进行100%的抗拉断负荷检验（废品率为10%），保证产品质量。第七，对压铸尾杆毛坯进行淬火和人工时效处理，既能增加铸件的强度，又能起到检查铸件内部气孔的作用，为压铸尾杆新工艺正式投产提供重要保障。第八，采用充氧压铸工艺（可代替真空压铸），使淬火后的成品率稳定在90%以上。第九，为保证压铸尾杆的螺纹强度，压铸尾杆在机器加工时适当地加上冷却液，进而提高螺纹的光洁度。随即协作机械厂将试验结果形成报告上报。

五机部在收到协作机械厂《69式40毫米火箭弹尾杆压铸新工艺试验情况的报告》后，指示于1973年1月5日左右在协作机械厂召开压铸尾杆技术鉴定会，并对协作机械厂的报告回复如下。

40火箭弹尾杆压铸新工艺试验，9383厂从材料、工艺以及检验方面做了大量工作，为了早日用于生产，经与炮兵及总后装备部研究同意组织鉴定，并请上海市国防工办与南京军区后勤装备部负责组织此项工作，具体事项初步意见如下。

一、鉴定时间与地点：暂定于1973年1月中上旬在9383厂进行。

二、参加单位与人数：9383厂、9373厂、282厂、5523厂、5203厂及驻厂验收组并123厂各2～3人。

1973年1月12日至22日，五机部组织了鉴定组对协作机械厂的新40火箭弹尾杆压铸工艺进行鉴定工作，鉴定组由上海机电一局牵头任组长单位，副组长单位为南京军区国防工办、南京军区后勤装备部、上海市国防工办和协作机械厂，组员单位为炮兵司令部、五机部、浙江省国防工办、八一二指挥部、南京军区后勤部驻宁国验收组、上海机械制造工艺研究所、八五钢厂、上海市冶金局、上海钢铁五厂及国内承担新40火箭产品生产任务的其他工厂。鉴定期间，相关单位技术人员检查了尾杆的制造（包括尾杆压铸、淬火、机加等）工艺、操作过程和超声波探伤检验方法，还对采用压铸尾杆生产的新40火箭弹进行了高、低、常温散布精度的靶场试验和强装药（135克和140克）高温强度试验。会后鉴定组认为，"压铸尾杆工艺方向是对头的，试验工作是成功的，基本上能够满足69式40毫米火箭弹的战术技术要求"。同时，为了进一步完善和稳定压铸工艺，争取早日工艺定型、投入批量生产，鉴定组要求上海机械制造工艺研究所、协作机械厂和驻厂验收军代表继续做好以下工作：①进行防腐蚀试验，摸索出压铸铝合金防腐蚀的有效措施，使产品能够达到符合长期储存的规定要求；②继续完善超声波检验方法，提高操作熟练程度，确保产品质量；③继续对压铸尾杆的强度、延伸率等性能进行试验，拟定出产品性能技术规定；④建议五机部安排4000发训练弹的生产任务供部队使用，以便考核压铸尾杆的强度。

五机部在收到鉴定报告后，随即发文给上海市国防工办：

> 9383厂与上海机械制造工艺研究所对69式40火箭弹尾杆压铸工艺做了大量试验工作，方向是对头的，作出了成绩。这次鉴定试验基本是成功的，没有发现重大异常现象，但试验中也暴露了一些问题，主要是压铸工艺和探伤检验方法需要进一步完善和稳定。为了解决存在的问题，使压铸尾杆早日定型投产，要求9383厂并请上海机械制造工艺研究所协助，做好下列工作：一是抓好鉴定报告中所列的各项试验工作。二是在1973年生产任务中，同意用压铸尾杆装配4000发训练弹，根据部队的训练计划，在6月、7月、8月、9月每月完成1000发，并交部队进行试用。对训练弹的具体要求，发往地区和如何试验的问题总后装备部将另文通知。

至此，压铸尾杆工艺通过了五机部组织的技术鉴定。

**2.实弹射击试验的进行**

鉴定工作结束后，协作机械厂根据五机部的要求于1973年7月28日至1974年1月16日先后为广州、兰州、新疆、北京、沈阳五个军区分发了用压铸尾杆装配的4000发火箭弹，让五大军区分别进行使用新40火箭弹开展电-2引信发火性、命中率、破甲、最大射程的试验。

（1）电-2引信发火性试验

该项目的试验同时在四个军区进行，共打半爆弹120发。广州军区的试验是在气温26℃的雨天进行的，按照上级规定，广州军区组织人员共进行了30发半爆弹的实弹射击试验，结果引信全在靶上爆炸。兰州军区高原试验是在海拔高度为2640米、气温在13.5℃~14.2℃的条件下进行的，按规定打了30发半爆弹，命中28发全部发火爆炸。新疆军区高原试验是在海拔3697米、气温3.3℃的条件下进行的，按规定打30发半爆弹，命中30发全部发火爆炸。沈阳军区寒区试验是在气温-32.3℃～30.5℃的条件下进行，20米处向规定靶板打20发半爆弹，瞎火14发，比例为70%，在25米处向规定靶板分别打半爆弹5发，引信全部爆炸，发火率达100%。上述试验结果表明，电-2引信在常温状况下，能够保证在20米处可靠发火。但在低温（-30℃）的条件下，则不能保证在20米处可靠发火；而在25米以后仍然能保证发火。四大军区统一认为，协作机械厂应对电-2引信的低温发火性能进行进一步研究，以便更好保证引信的低温发火性能。

（2）命中率试验

试验在海拔3697米以下进行，低温达-32.3℃，高温时弹温达45℃，风速为0～10米/秒，参加训练打靶的射手在100名以上。其间，五大军区共试射新40火箭弹1433发，命中各种规定目标的有785发，总命中率为55%。其中，直接射击100米目标的有194发，命中157发，命中率达81%；直接射击200米目标的有310发，命中140发，命中率为45%；直接射击250米目标的有178发，命中84发，命中率为47%；直接射击300米目标的有523发，命中220发，命中率为42%；用固定炮架进行六大组126发的18组低温精度试验中，有3个小组各有1发脱靶不能计算精度，可计算的16个小组总的纵向平均或然误差为0.55，横向平均或然误差为0.405，纵向或然误差大的原因可能是在低温条件下点火时间散布大造成，在低温条件下点火时间和点火距离普遍偏长。

（3）破甲试验

破甲试验同样在海拔3697米以下的地区进行，低温达-30℃，高温时弹温达48.5℃，风速为0～7米/秒，参加试验人数在100人以上，射距70～200米。

规定项目在70～100米距离上向100毫米的标准靶板进行发射。线角62.5°～65°，打239发，命中177发。有1发不穿透（靶板面有鼓包），穿透率达99.4%，最大穿透厚度为275毫米。有的部队还对59式坦克炮塔、T34坦克正面和侧面进行484发弹射击，最大穿甲厚度达255毫米，对钢筋水泥工事等目标进行52发实弹射击，可穿透800毫米厚的钢筋水泥工事；北京、新疆、沈阳军区用111发实弹进行最大射程试验，结果弹药在击中目标后全部爆炸。

整个试验共打886发实弹，除最大射程111发外，命中目标有509发。其中，在规定项目试验中发现未穿透的有1发，占0.2%，有弹着角不良或战斗部扩大部分擦靶等因素而未爆炸或半爆的有17发，占命中弹总数的3.3%。试验证明，新40火箭弹的破甲性能是比较稳定的且威力较大，很受部队欢迎。但试验中也暴露出不少缺点，仍有少量的不炸，故相关人员认为在今后的电-2引信生产中应从严要求，保证质量。

（4）最大射程试验

各军区用24°~45°的不同射角共射击237发新40火箭弹，全部飞行正常，到达目的地后除碰到石头有所损伤外，其余弹尾与发动机的连接均良好，这说明使用压铸尾杆生产的新40火箭弹的强度能满足战术要求。试验结果显示，采用压铸尾杆工艺生产的新40火箭弹最大射程为2435米（新疆海拔3697米）；最大射程的最小值为1678米（沈阳军区低温试验），同一地区试验时，横向误差最大值为196米，纵向误差最大值为230米。试验证明，高原射程远、低温射程近。散布面较好，且实弹仍能在目标点正常爆炸。压铸尾杆装配的新40火箭弹在五个军区的不同地区、不同条件下进行考核试验的结果表明，压铸工艺生产的尾杆强度和性能可以满足产品性能要求（见表3-7）。五机部与总后装备部研究后同意协作机械厂按上报的图纸进行生产。

表3-7 五大军区压铸尾杆试验结果

| 试验地区 | 时间 | 海拔（米） | 温度（℃） | 风速（米/秒） | 打靶弹数（发） | 军区试验结论 |
|---|---|---|---|---|---|---|
| 广州军区 | 1973年7月28日至8月24日 | 190 | 气温：29~38.5 弹温：36~48.6 | 1~8 | 777 | 从试验结果看，新40火箭弹铝合金尾杆改为压铸尾杆后强度比较好，飞行过程中未发现脱落、折断等情况 |

| 试验地区 | 时间 | 海拔（米） | 温度（℃） | 风速（米/秒） | 打靶弹数（发） | 军区试验结论 |
|---|---|---|---|---|---|---|
| 兰州军区 | 1973年8月6日至8月25日 | 2640 | 10～32.9 | 1.5～11 | 765 | 全部试验过程中未发现弹道上有降落物，压铸尾杆强度可以适应需要 |
| 新疆军区 | 1973年8月25日至9月2日 | 3697 | 5.8～13.2 | 0～9.8 | 287 | 压铸尾杆经过射击试验后没有发现脱落现象，尾杆可以满足使用要求 |
| 北京军区 | 1973年11月8日至11月20日 | 850～990 | −10～9 | 2～7 | 223 | 新工艺压铸尾杆性能良好，在试验中未发现异常现象 |
| 沈阳军区 | 1973年12月26日至1974年1月16日 | | −15～37 | 0～2 | 513 | 从各试验项目观察，协作机械厂采用的压铸尾杆在飞行过程中未发现异常现象，着目标后尾杆断的较多，断口较齐，反映了铸铝材料的特性 |
| 综合 | | 100～3697 | −37～48.5 | 0～11 | 2565 | |

## （四）压铸尾杆材料的确定和利用

随着使用压铸尾杆装配的新40火箭弹通过五大军区检验，1974年5月五机部发文同意全军采用协作机械厂生产的压铸尾杆装配新40火箭弹。1974年8月30日至9月1日，五机部在上海召开了关于新40火箭弹压铸尾杆工艺座谈会，五机部和全国相关生产企业参观了上海机械制造工艺研究所，仔细听取了其和协作机械厂关于新40火箭弹压铸尾杆新工艺的介绍，对新40火箭弹的发展方向开展了交流讨论，并重点讨论了几项议题：一是铝合金充氧压铸尾杆能满足产品的战术要求。与会代表认为压铸尾杆工艺可以省一半以上原材料，一次压铸成型，减少生产设备，减少人力，降低成本，且零件一致性好，刚性高，有利于提高射击散布精度，符合多、快、好、省的要求。二是压铸铝材料的来源问题。与会代表认为材料来源广泛，容易做到各大区就地配套，适合战备需要；压铸尾杆的机器最好采用标准型号，便于军民结合，平战结合。

座谈会后，五机部决定将协作机械厂作为压铸尾杆零件第一底图厂，要求其尽快完善压铸尾杆大量生产的工艺，并进一步制定更适合压铸工艺的产品零件图。与此同时，五机部还希望协作机械厂自1975年第三季度起，逐步过渡到全面使用压铸尾杆进行生产的阶段，并要求上海机械制造工艺研究所给有关省市及有关厂提供压铸尾杆坯件样品和"充氧压铸"等工艺的相关资料。此外，为让协作机械厂的压铸尾杆批量生产工作顺利开展，五机部还向国家计委申请了生产压铸尾杆急需的250吨压铸机15台。获批后五机部随即配给有关各厂，并要求协作机械厂积极采取措施，按照有关文件的规定做好压铸尾杆的生产工作。

协作机械厂在接到上级指令后积极开展生产准备，于1975年初成立压铸尾杆生产领导小组，同年开始试生产。1976年1月至1977年6月协作机械厂技术人员对压铸尾杆批量生产中所出现的问题进行了总结并提出了相应解决方案。第一，协作机械厂通过将控制压射速度、提高模具温度与吹氧压铸工艺相结合，并使用淬火和超声波探伤检查，结果显示从1977年5月起尾杆气泡大为减少，合格率和生产效率进一步提高，产品综合良品率从1976年1月至7月的45%逐步提高到1977年6月的75.8%。第二，压铸尾杆的生产线逐渐稳定。协作机械厂经过多次试验，最终形成了"铝锭熔化—压铸—切除冒口—去毛刺—热处理（淬火）—外观检验—超声波探伤—人工时效—机械性能试验—机械加工—化学氧化—弹尾装配"的压铸尾杆生产流程，生产数量逐步上升，最高月产量达到200支以上。第三，协作机械厂通过生产实践，在保证合金成分不变的情况下，找到了新旧料的配比方式，即新料20%、旧料80%，如此可以重新利用压铸中余下的冒口及尾杆废料。第四，采取相应技术措施，提高压铸模具使用寿命。协作机械厂在模具制造中采取了微小变形热处理淬火工艺，在保证模具尺寸和几何形状不变的同时又提高了硬度和强度。同时在生产中经常维修保养，生产一段时间后再进行软氮化处理。改进后每副型腔主要部分的使用寿命已经达到5万～6万模次。从1974年压铸尾杆定型生产以来至1977年，协作机械厂生产了合格尾杆98467支，用压铸尾杆装配的产品15个批次共90000发，全部通过靶场试验且验收合格。

在此期间，协作机械厂对压铸尾杆中吹氧压铸工艺的探索是其技术消化吸收中的重要事件。协作机械厂自1977年4月开始采用吹氧压铸工艺，目的是以氧气置换型腔中的空气，使尾杆淬火时不再起泡。但实际效果是氧气未能全部置换型腔内的空气，原因一是尾杆耳朵的部位是吹氧工艺的技术死角，原因二是压射活塞封闭容杯前空气从容杯中进入型腔，导致淬火时仍有气泡产生。为了避免空气不卷入压射室或尽可能做到少卷入压射室，协作机械厂在压射部位安装了一个简易撞块限位机构，使时间继电器由控制慢压射延续时间变换为机械传动和电器联合控制慢压射延续时间。由于慢压射时间增长，金属液在较长时间内充填，因此金属液通过内浇口的喷溅现象显著减少，在接近凝固状态下充满型腔，并自下而上将空气从排气槽排出，对压铸模的热冲击和成型表明的熔蚀现象也大为减少，低速压射对压铸机和压铸模都有好处。

1977年8月，协作机械厂向五机部等相关部门上报了《69式40毫米火箭弹采用压铸尾杆新工艺生产情况的报告》，五机部等部门同意了报告中所提工艺设计方案，并于1978年6月在协作机械厂组织召开了全国新40火箭弹压铸尾杆座谈会，重点研讨协作机械厂研制成功的压铸尾杆工艺。会后协作机械厂吸取会议代表提出的建议并对报告进行了修改，于1979年9月再次上报五机部等有关部门。1980年8月五机部下发的《关于69式40毫米火箭弹压铸尾杆产品图的批复》指出，69式40毫米火箭弹压铸尾杆经生产、验收和五大军区实战运用后性能达到了要求，经与总后军械部研究后同意该产品图。各厂可按此图生产验收，底图由9383厂管理，其他厂使用前应经协作机械厂批准。至此，协作机械厂的压铸尾杆工艺得到上级部门充分认可并在国内推广。协作机械厂对新40火箭弹的工艺改进荣获了1981

年国务院国防工业大学技术改进三等奖,压铸尾杆工艺荣获了1977年上海市科技大会奖。

回顾协作机械厂的压铸尾杆工艺改进,从1968年10月职工陆续进厂着手试制老40火箭弹的工作,到因形势需要于1969年4月接受试制69式40毫米火箭弹的任务;从1970年协作机械厂开始压铸尾杆工艺的试验到1983年各项工艺趋于稳定,劳动生产率不断提高。在这一联合技术创新的过程中,协作机械厂充分借鉴了国内外相关经验,通过引进新的技术和设备,不断优化生产过程,最终成功实现了压铸尾杆装配新40火箭弹的生产,每年均保质保量地完成兵器工业部下达的国家计划。

## 三 产品质量管理工作

质量管理是技术转移中的重要环节。技术的具体表现形式为产品,但从技术到产品的过程除技术本身的改进,还需要各项制度的辅助。本部分将重点讨论协作机械厂在改进新40火箭弹生产技术后,为保证产品质量而开展的一系列质量管理工作。

### (一)生产中所遇质量问题

协作机械厂负责生产的新40火箭弹原规划在江西生产,后经华东局国防工办和上海市经济计划委员会批准后划给上海小三线。1968年协作机械厂开始试制老40火箭弹,珍宝岛战役后根据形势需要,1969年4月协作机械厂转而攻关新40火箭弹,1970年攻关成功并正式投入生产。然而"文化大革命"期间大量质量检验机构被撤销,质量管理人员、质检员绝大部分被下放劳动,严格的质量管理制度又在那时被认定为"管卡压"。同时,上海小三线地理位置偏僻、物资储备紧缺、设备严重不足等先天劣势也致使协作机械厂自1968年底启动试制工作后的产品质量问题相当严重。

协作机械厂主要负责生产56式40毫米反坦克火箭弹，该产品最重要的性能指标是火箭弹的射击精度与破甲强度。对于新40火箭弹来说，散布精度越小，则命中率越高。国家规定的精度合格值是0.45米×0.45平方米，实验章程、实验过程及判定方法是，每小组7发新40弹，三小组为一大组，一大组共21发，平均值合格（高低、方向的绝对值均小于0.45米）则代表该批产品合格。1971年10月6日，协作机械厂对生产的两批新40火箭弹进行实弹检测，结果表明第一、第二小批散布精度平均值为0.437米×0.436平方米，其中第一小批平均值为0.484米×0.369平方米、第二小批平均值为0.390米×0.502平方米。若按标准计算，则两批均不合格（见表3-8）。可见，新40火箭弹的生产属于勉强上马，与产品技术资料要求存在较大差距。当然，协作机械厂这一情况并不是个例。新40火箭弹自设计定型及试制起，质量问题就是全国性的难题，1969年和1970年全国新40火箭弹的交验合格率仅为18.2%。

表3-8　散布精度试验结果

| 批号 | 组别 | 试验发数（发） | 高低（米）×方向（平方米） | 备注 |
|---|---|---|---|---|
| 第一小批 | 1 | 7 | 0.366×0.446 | 膛内和弹道上飞行正常<br>资料要求是0.45米×0.45平方米 |
| | 2 | 7 | 0.579×0.312 | |
| | 3 | 7 | 0.507×0.35 | |
| | 平均 | 7 | 0.484×0.369 | |
| 第二小批 | 1 | 7 | 0.338×0.519 | |
| | 2 | 7 | 0.405×0.370 | |
| | 3 | 7 | 0.426×0.618 | |
| | 平均 | 7 | 0.390×0.502 | |
| 第一、第二小批散布精度平均值 | | | 0.437×0.436 | 原国家鉴定批三大组，精度平均值为0.523米×0.633平方米 |

协作机械厂生产的新40火箭弹由于质量问题频出致使多次返厂维修。1970年1月，总后勤部驻526厂军代表验收协作机械厂414库1969年12月01批868发新40火箭弹时就发现了定位销生锈、引信保护盖生锈等问题。

1970年2月4日，协作机械厂建立了包括总装人员、检验人员及驻厂验收军代表在内的产品返修小组检查质量问题，结果发现了不通电、药型罩生锈、弹簧失效等12个问题。1971年第14批新40火箭弹精度不合格，协作机械厂认为是炮镜走动问题申请重打，然而更换瞄准镜再次复校验后三组平均精度依然不合格。在批产验收过程中，精度、破甲效率不高一直是协作机械厂无法解决的难题，新40火箭弹也多次出现因精度不准、破甲失败而无法出厂。1970年协作机械厂共交验新40火箭弹5批，1次交验1批，1次交验率20%，精度合格率仅为20%；1971年共交验14批，1次交验5批，1次交验率35.6%，精度合格率50%。无法出厂的产品，较次者将被转为军队训练使用，而淘汰品提供给其他厂做打靶试验所用。

## （二）新40火箭筒炸膛事故

### 1.事故的发生

1974年6月14日上午9时20分，协同机械厂装弹兼击发员陈炳源和刘伯胜、张立群、李加才在进行产品交验小型强度射击试验时，身管号为2482的新40火箭筒发生炸膛。现场情况是在陈炳源击发后，刘伯胜先听到"啪"的一声，没有打响，弹头没有出膛，约2秒后陈炳源又听到"轰"的一声巨响，并带有金属破裂声。陈炳源等到掩体外面查看后发现了身管炸膛。由于炸膛，炮架螺钉被拧断，炮及夹具倒在炮架左后侧，身管及尾管碎片散落在炮位周围，最远的身管碎片被炸飞12.7米，炮口沿垂直方向撕裂至药室的2/5处，同时，尾管碎片中发现叶片表面都有方向性的严重烧蚀现象，身管内壁有呈熔融状态铝材碰擦过的痕迹。

### 2.事故的处理

事故发生后，协同机械厂立即组织厂领导、验收军代表、工人、技术人员开会，并请南京军区后勤部宁国验收组、协作机械厂等单位相关人员一同对事故进行分析。会上代表一致认为，这一事故是由火箭弹迟发火引起弹的起动出现反常现象，进而最大膛压位置发生变化所致，并认为要对新40火箭炮和弹都进行全面的检查。协同、协作两厂在做了一系列试验和复查工作后于1974年6月23日再次组织上述部门召开事故分析会。会上，两厂就本批产品所用身管原材料（由上海钢管厂供应的冷拔无缝钢管）及加工过程质量情况作了报告。其中，协作机械厂技术人员在解剖了100只弹尾以检查弹的装配情况和测定黑火药的湿度及发射药的重量后，发现结果全部符合要求；协作机械厂提供了缺主药包的弹尾10发、缺副药包的弹尾10发、缺二对传火孔的弹尾5发、缺一对传火孔的弹尾6发共31发特殊要求的弹尾于协同厂进行射击试验，结果全部正常；协同厂装配无点火黑火药弹头10发，其中7发正常，3发瞎火，无迟发火现象。以上三次实验排除了部分因素，但迟发火的原因尚未查明。1974年7月5日两厂再次进行试验，过程中发生有火箭弹在击发后发射药未燃烧，但强度弹尾管纸筒已破裂，并从中间断裂，发射药已被熏黑，弹头前移的情况。经技术人员检查，弹尾未装主、副药包，说明弹尾存在问题，有可能是引起上述事故的主要原因。另外，在复查试验中，协同机械厂技术人员发现其厂生产的强度弹头点火黑火药湿度超过标准，靶场工艺不够完善，操作要求不够严格。1974年7月，协同机械厂革命委员会与宁国县验收组将具体情况形成《关于69式40火箭筒炸膛事故报告》上报五机部。

五机部在收到报告后，为进一步明确炸膛事故的发生原因，安排南京军区后勤部、上海后方机电工业公司组织协同机械厂、协作机械厂及两厂验收军代表于1974年8月在协同机械厂进行了补充试验。试验的目的，一是试验缺主、副药包的强度弹会不会引起迟发火，二是试验缺主、副药包的强度弹在迟发火的情况下会不会引起炸膛。9月南京军区后勤部发文，确认事故发生原因是协作机械厂供应的弹尾少装主、副药包，并在与上海市军工组研究后认为，"同意火箭筒可以正常封箱出厂，但协作机械厂与驻厂军代表应结合这次事故原因，对所生产的装备弹和试验用的弹尾进行必要的抽查，并将检查结果报上海市军工组、上海警备区与南京军区"。1974年10月和11月协作机械厂对1974年生产的第17、第18两批弹尾各解剖了100发，结果没有发现主、副药包漏装的现象。12月，协作机械厂革委会联合宁国县验收组将检查情况上报。1975年3月，五机部再次指示协作机械厂将工厂对于弹尾漏装主、副药包产生膛炸的原因，以及对1975年以前生产工艺的可靠性提出结论性意见，并上报1975年以前生产的产品批次、数量和1975年生产工艺采取的具体措施。7月，五机部发布的《关于9383厂查清40毫米火箭弹漏装主、副药包问题的通知》指出，"协作机械厂至今未报，并要求工厂速将情况上报"。8月，协作机械厂革委会联合宁国验收组将《关于进一步查找69式40火箭筒炸膛事故原因的报告》上报五机部，其中提到，"协作机械厂决定在装配过程中严格执行以一百发为单位的装配工艺，所有配套件（主、副点火药包、尾杆等）在交接前后及药包装好后，均需查点清楚；对装有点火药包的弹尾进行百分之百的检验；严格工艺纪律，无论对装备弹尾和试验强度弹尾，都严格执行工艺纪律"。

**3.后续的调查**

1974年炸膛事故并非个例。早在1971年11月，协同厂就曾出现过同样的事故，后经检查，火、炮相关试验结果全部合格，因此事故原因实际上并未找到。

1976年1月，协作机械厂开展了群众性质量大检查，以漏装主、副药包的质量问题作为检查重点。其间，协作机械厂将各有关部门、车间和验收军代表安排进生产一线共同分析、检查；在厂外经五机部批准，在南京军区后勤装备部和北京军区后勤装备部的协助下查清了过往产品分发地点，并在成功申请手提X光透视机的基础上，通过透视方法，由协作机械厂安排专人前往使用单位对弹尾主、副药包是否漏装进行检查。1977年初，协作机械厂组成验收军代表、总装车间副主任、生产工人共10人的赴部队抽查小分队，先后到北京军区、武汉军区对已出厂的弹尾共14350发进行检查，均未发现漏装主、副药包的现象。

其实根据协作机械厂1974—1977年针对弹尾漏装主、副药包多次开展的检查可以发现，在事故发生前协作机械厂就已提出车间弹尾装配的领发手续须由专人负责，在交接前后都要查点清楚，装配完毕后，如发现主、副药包与零部件有多余或不足，当即查找原因，直到查清才能流入下道工序。然而，协作机械厂所提供给协同机械厂用以进行试验的弹尾并非正常装备弹尾，而是强度试验弹尾，虽然生产工艺和正常装备弹尾相同，但因强度试验不受影响，因此在生产和检验过程中易产生马虎现象，加之管理混乱，所以常有混入或产生漏装主、副火药包的现象。可以说，整个事件的发生就是由于协作机械厂在质量管理上存在漏洞。

## （三）质量管理工作的开展

1978年4月，中共中央印发《关于加快工业发展若干问题的决定》，提出整顿企业要像过去搞"四清"那样抓，与整党整风紧密结合，1978年要把重点企业整顿好，企业整顿要由上级严格检查验收。1979年8月24日，中国第一次全国质量管理小组代表会议在北京召开。8月31日，选举产生了中国质量管理协会第一届理事会。全国范围内全面质量管理的学习、试点工作展开。

### 1.质量管理整顿领导小组的成立

1978年，华国锋同志在第五届人大会议上指出，机械工业担负着为国民经济各部门提供技术装备的重要任务，要求机械工业要努力生产各种高质量的机械设备。1978年5月，第一机械工业部发文明确企业要切实加强对质量管理工作的领导，并要由厂长主管质量工作。协作机械厂积极响应，于1980年初成立了厂级层面的质量管理整顿领导小组，由厂长任组长，技术副厂长任第一副组长，下设全面质量管理整顿办公室，由检验科长、技术科长具体负责。车间、部门层面也相应成立了质量管理整顿领导小组，由车间主任或副主任负责。考核方面，协作机械厂为正副厂长、科长、主任等制定了干部职责条例，其中对个人考核产品、质量、安全、设备保养、节约五个指标，对班组考核产品、质量、安全、设备保养、原材料、劳动生产率和技术革新7个指标，对车间进行8项经济技术指标的考核。时任协作机械厂厂长张章权回忆，"我自己动手拟定了厂级干部岗位责任制，还深入机加一车间蹲点，抓基础管理工作，提出了生产上的'八大考核指标'和突出政治、促进生产的'双九条'，联系生产实际开展'路线对比两本账'

等等"①。

在开展质量管理工作前，协作机械厂的质检工作一直是由各个车间熟练工负责。1978年9月，协作机械厂首次制定了《产品质量管理条例》，包括总则、器材检验、工夹量模具和仪器检验、产品零部件的检验和首件三检、合格品管理、不合格品管理、标准样品的选定、质量分析会和质量考核、责任标记和质量文件管理、成品验收十项准则，使质量管理工作有章可循。协作机械厂还设立了质检科，下设正、副科长各1人，每车间有检验小组，其中检验一组、检验二组、检验三组作为生产车间的检验组各20人左右，工装检验小组和压铸检验小组各5~6人，除三车间即总装车间外，每车间还设有计量室（2人），对专用量具和万能量具做定期检验，再加上靶场的职工，协作机械厂整个质检科有100人左右。由此，协作机械厂形成了一套较为完整的专职检验系统，检验工作开始集中统一管理。

**2. 坚持增产节约**

在企业管理整顿中，协作机械厂还主动运用新工艺、新技术，降低了各种燃料、动力、材料的消耗，做到了增产节约。以节约用电为例，1980年协作机械厂通过合理安排用电、削峰填谷，提高了用电负荷率，降低了全厂用电需要量，1979年最高需要量达1500千瓦，1980年只有1300千瓦。1980年，利用节电新技术，对一车间的75千瓦硝盐炉、压铸车间3个熔化炉采用硅酸铝保温纤维材料进行改造，同时还通过安装自动功率补偿器，使功率因数超过国家指标，达到了95%以上。1980年虽然产值比1979年增加，但用电量比1979年节约789353千瓦·时，节省电量28.2%，大大超过了703供电所规定的节电3%~5%的指标。

各车间、部门也在增产节约方面取得了成绩。最初压铸车间压铸机的机油消耗量较大，其中一个重要原因是机油消耗的指标归生产小组，设备漏油不能及时修理，造成不必要的浪费。1980年起协作机械厂将车间机油消耗指标划给机模小组，并要求工人主动检查压铸机耗油情况，这一举措

---

① 徐有威、陈东林主编《小三线建设研究论丛》第三辑，上海大学出版社2018年版，第62页。

使协作机械厂的机油消耗量大大下降。1979年机油消耗量是每千发19千克，1980年是每千发11千克，1980年共比1979年少消耗4223千克，比定额节省2109千克，折合2320元。一车间在零部件的用料上进行一些工艺改革，节省了原材料。1980年节约喷管料近5000千克，折合5491元，节约室管料730千克，折合2200余元，节约塞底料15400元。仅这三项就为国家节约了23000余元。1984年协作机械厂总结前期经验，于8月成立了由副厂长任组长的厂节能领导小组，各车间也成立了相应的节能领导小组，推进增产节约工作。

### 3.合理运用奖励办法

1979年，国家经委颁布《中华人民共和国优质产品奖励条例》，对军工优质产品颁发国家质量奖，分甲（金质奖章）乙（银质奖章）两种，由国家经委、国防工办颁发。上海市积极响应，于1980年颁布了《上海市工业优质产品奖励实行办法》，开展创优质产品活动，其中1979—1981年全市共评选出优质产品466项。自1982年起，上海市优质产品取消"终身制"，而是保持荣誉三年，三年后重新提出创优申请，进一步促进产品不断更新，品种不断发展，同年，国家经委规定在全国范围内评选"质量管理奖"。上海市机电局规定凡获得国家、部、市优质产品和局优良产品荣誉称号的企业或评上国家、市或局级的优秀质量管理小组，均发给一次性奖金。

1980年协作机械厂总结了1979年上半年奖励工作中存在的问题，并将各生产车间的奖励制度重点放在考核产品质量上。厂部对车间下达的指标，在完成任务的基础上，重点考核质量和均衡率。车间对班组下达产量、质量、劳动生产率和安全四个指标。在完成任务的基础上，重点考核质量。班组又把质量指标分解下达，对生产工人在完成定额的基础上也重点考核质量。质量不好，扣分最多，奖金也就少得或不得。奖金的约束，促使大家更加重视产品质量。二车间运用奖励办法提高药型罩校正工序的加工质量就是一个有说服力的例子。药型罩校正的好坏，对提高产品的破甲性能有较大关系，因此在破甲攻关的十条措施中，就规定药型罩校正冲压次数要保证在八次以上，而且第一记叩击要轻。过去这道工序报废量较大，对国家造成较大的浪费，1980年协作机械厂正式施行质量奖励办法后，效果显著。该道工序下达的废品指标是4%，现在规定每月完成质量指标拿基本奖金3元，少报废一只奖励2元。超指标多报废一只扣奖金0.2元。1980年该工序早、中班两班加工者一共加工了76837只，按规定允许报废3073只，但实际只报废了651只，废品率只有0.847%。另一班按规定允许报废3289只，实际只报废606只。这道工序共少报废5105只药型罩，以每只4.085元计算可以为国家节省20854元，而国家仅额外支付奖励金额102.1元。

协作机械厂在技术消化吸收过程中，通过质量管理使技术落地的效果更加显著。其中1980年提前完成了18万件产品的生产计划，8项经济指标分别达到了上级下达的要求，尤其是在产品质量和成本降低率方面成绩更为明显。1980年生产出来的产品一次交验合格率为100%。与过去遗留产品的合格率累积计算，全年一次交验合格率为96.7%，比上级下达的82%的指标提高了14.7%。废品损失大幅下降，1979年每发废品损失为1.14元，1980年每发废品损失为0.88元，减少了0.26元，下降率是22.8%，1980年总计比1979年减少废品损失为46800元；产品成本1979年每发为82.46元，1980年每发为77.73元，比1979年降低4.73元，下降率为5.7%，超过了公司考核0.5%的成本下降率指标。协作机械厂生产的新40火箭弹的产品质量从1979年起综合良品率有了飞跃上升，质量情况转优。这也表明质量管理的有效实施使提高产品质量和降低生产成本等工作取得重要突破。

## 四  技术转移后的实效

协作机械厂通过对原有技术的消化吸收创新，实现了自身的技术升级。虽然其最终并未像其余上海小三线企业一样将设备留在当地，但通过其他方式实现了技术的反哺。本部分将讨论协作机械厂在实现技术创新后与承接地的交接及对上海柴油机厂的技术反哺。

## （一）回沪后的技术反哺

### 1. 上海飞宇液压件厂的成立

1985年4月，经上海液压气动元件公司同意，协作机械厂和宝山县农业服务总公司合资联合经营，定名上海飞宇液压件厂。双方当月即在上海机电设计研究院的协助下完成了《上海飞宇液压件厂建厂总体规划设计任务书》。1985年11月15日注册了商标，主要产品定为泵、阀、油马达、电磁铁等。1986年6月，由市液压气动元件公司主持通过了电磁铁的生产鉴定书，产品共分轴承、过滤器、油容器、校验机、管接头等9类产品。

随后，上海飞宇液压件厂和上海机电技术咨询工程公司签订联营协议。上海机电技术咨询工程公司负责提供市场信息、新产品开发、组织鉴定等作为技术投资，并协助上海飞宇液压件厂做好横向配套和协助材料的落实工作。上海飞宇液压件厂要求上海机电技术咨询工程公司协助将可批量生产的产品列入机电一局生产计划。其中，上海飞宇液压件厂负责组织新产品研发、具体销售业务等作为生产投资。根据双方条件和市场信息，双方最先开发的是一吨级液压制动人货两用吊车。该吊车由上海机电技术咨询工程公司负责设计，上海飞宇液压件厂负责工艺、生产和制造。同时，双方协议约定一吨级液压制动人货两用吊车的产品施工图及有关技术文件由上海机电技术咨询工程公司负责提供。上海飞宇液压件厂负责按照上海机电技术咨询工程公司提供的产品施工图组织研制，严格按照施工图加工、保证质量，按需求供货。上海机电技术咨询工程公司授权上海飞宇液压件厂在保证产品性能条件下可部分更改图纸，但要定期向其提供反馈信息，以利于试制工作加快进行。对于新产品研制的科研成果由双方共享，上海飞宇液压件厂占30%，上海机电技术咨询工程公司占70%。新产品的测绘、设计的费用由上海机电技术咨询工程公司承担，新产品在研制中所发生的费用均由上海飞宇液压件厂承担。

当第一台样机研制成功后，上海机电技术咨询工程公司按照第一台样机销售价的6%提取科研试验费。样机鉴定后上海机电技术咨询工程公司负责作竣工图，当竣工图投产后上海机电技术咨询工程公司除按照销售额每台提取2%的技术转让费外，另提取毛利润10%作为技术服务费。提取期限为5年，第6年开始上海机电技术咨询工程公司每介绍销售一台可提取一定介绍费，金额到时再议。但上海飞宇液压件厂在进一步的生产过程中碰到了建房、生产设备改造、产品原材料和销路等问题，协调无果后经上海市机电工业管理局同意，于1986年7月解除《上海协作机械厂和宝山县农业服务总公司联营协议》，联营被迫终止。

**2.与上海柴油机厂的联营**

1985年底，在上海市机电工业管理局的安排下，协作机械厂与上海柴油机厂挂钩。1986年3月，双方决定成立上海柴油机厂配件分厂并完成了分厂的设计任务书。设计任务书中明确，分厂占地面积为40000平方米，厂内建筑物总面积21400平方米。主要设备总数386台，其中利用上海柴油机厂原有设备约193台，协作机械厂设备约154台。分厂职工总数1650人，其中配件厂安置1300人，另外350人由协作机械厂向上海柴油机厂劳务输出。

分厂投资总额约1900万元，其中基建额度为1150万元，利用原设备750万元。预期经济指标以柴油机产量20000台（套）计算，分厂年总产值1866万元，利润418万元。劳动量91万工时，全员劳动生产率14355元，产值利润率22%。分厂生产的产品范围包括柴油机车间的连杆部件、盖板、传动盖板等，大马力车间的大流量水泵部件、进排气管、部分中小件（不包括标准件）等，成套车间的风扇部件、油泵零件及部分中小件等，技校的调喷器、机油泵等部件；铸工车间的有色铸造部件，油泵分厂的压铸件（包括新产品的压铸件）等。

1986年4月，协作机械厂与上海柴油机厂拟定了《联营协议书（草案）》。4月29日，上海市机电工业管理局给出了《关于同意上海柴油机厂和上海协作机械厂联营的批复》，同意了该方案。《联营协议书（草案）》中规定，协作机械厂因将从浙江省临安县调整回沪，上海柴油机厂遵照上级意见，结合"七五"改造发展规划，同协作机械厂联合经营企业。双方联营申请成立上海柴油机厂配件分厂，该厂是在上海柴油机厂领导下独立核算，自负盈亏的全民所有制企业。上海柴油机厂提供柴油机有关零部件的生产设备，协作机械厂提供从国家贷款和自筹的资金1150万元，利用原协作机械厂可利用的所有设备联合建厂。双方还约定在不影响主办厂利益的原则下，不影响或少影响主办厂技术改造的还贷能力和不影响职工既得利益的基础上，联营期间上海柴油机厂将正在生产的产品、设备划给协作机械厂生产的总产值，按照甲方产值利润率计算给协作机械厂，并由其按照上海柴油机厂利改税核定的奖励基金和福利基金比例，将此"二金"返给上海柴油机厂。在联营厂投产前，协作机械厂职工需要进入上海柴油机厂进行生产实习，以及多余职工也要向上海柴油机厂劳务输出，这些职工生产的利润采用按当年在上海柴油机厂生产的人均年利润额分配给协作机械厂。

1986年5月，两厂联营筹建办编制了《贯彻联营协议书（草案）实施计划》，规定了两厂的具体任务和负责人及落实完成任务的期限。至此，两厂关系和筹建分厂的项目内容正式确定。1986年7月，协作机械厂正式开始生产上海柴油机厂的零部件。当年完成的主要零部件包括调喷器24套、大流量水泵21台、推杆套筒20只、滚珠座1633只和双头螺柱3000只等。1987年，协作机械厂全年工业总产值为778万元，全年商品产值690万元，人均工资1837元，全年实现利税总额49万元。

## （二）对其他地区的技术辐射

改革开放前中国工业发展是以重工业尤其是军事工业建设为重点。在倾注大量资源后形成了门类齐全、配套完善的军事工业体系。1978年9月，邓小平同志在国防工业工作会议上提出"军民结合、平战结合、以军为主、以民养军"的战略方针，1979年4月在中央工作会议上再次重申这一方针。1982年1月，邓小平同志在一次谈话中提到，不要提"以军为主"，改为"军品优先"。至此"军民结合、平战结合、军品优先、以民养军"的方针正式出台。1986年4月，吴明瑜给邓小平同志的信中首次提出"军民结合、以民为主"的发展方针。随即邓小平同志就作出指示，"我赞成'军民结合、以民为主'的方针"。

协作机械厂所属的上海市机电管理局接上海市革委会指示，于1979年8月对所属小三线企业进行调整，具体内容是在现有企业隶属关系不变的前提下，实行民品生产业务由机电一局归口管理。民品的生产规划由机电一局负责，五机局积极配合，组织力量，进行调查研究，在保证军品任务完成的基础上，充分利用现有生产能力，结合各厂的生产特点、工艺装备和技术专长，确定各厂的民品产品方向、生产规模，并纳入机电一局的统一规划。其中规定：①军民结合的工厂，民品生产的产量、质量、品种、材料消耗四项指标，由机电一局制定、下达、考核（包括合同考核），机电一局在下达民品指标的同时，抄送五机局。产值、劳动生产率、成本、利润、流动资金周转五项指标，因军品和民品难以截然分开，由五机局负责制定、下达、考核，并抄送机电一局。鉴于跃进机械厂和卫海工具厂全部生产民品，所有生产业务统由机电一局管理。②民品生产的技术工种，由机电一局归口管理。有关的生产业务会议，由机电一局统一组织企业参加。③民品生产所需要的新产品试制费、技术措施费，两个局共同审核后上报市计委、工交办、国防工办研究决定。

根据上海小三线建设调整方案，协作机械厂被列为第一类企业，对新40火箭弹生产线予以保留，65式82无坐力炮予以撤销。同时，协作机械厂也采取代加工和提供生产资料的方式开展军民结合工作。如1983年协作机械厂与临安县杨思公社荡里大队综合厂签订了五金加工协议，其中规定协作机械厂负责技术、设备、部分技术人员和工人，临安县杨思公社荡里大队负责车间、场地和部门劳动力。民用产品"压力表校验台"等系新产品的生产由协作机械厂负责，其需要在三年内无论盈利或亏损，保证每年支付临安县杨思公社荡里大队3万元。同时临安县杨思公社荡里大队需要安排4名人员参加协作机械厂的产品生产，工资由协作机械厂负责，每人每月为65元。再如1985年协作机械厂与杭州电扇总厂签订电扇生产协议，规定为发展电扇生产，满足市场供应，杭州电扇总厂委托上海协作机械厂开模压铸5型立扇开关箱。其中，压铸件必须符合图纸所规定的尺寸精度和技术要求，若因模具加工或压铸工艺受限需要改变图纸，必须经过杭州电扇厂同意。压铸开关箱所耗用的铝合金，由协作机械厂代购，铝材消耗根据开关箱净重×106%计算，每吨铝合金的价格暂时按照5750元/吨计算。模具由协作机械厂备料制作，杭州厂不承担任何模具费用，材料和产品运输费用由协作厂承担。

以上两项工作是协作机械厂在军民结合背景下技术扩散的个例。此外协作机械厂还通过提供技术资料的形式实现技术扩散。1985年3月，协作机械厂积极响应上海军转民号召，和常州市武进塑玻装潢厂建立了全资联营关系，合资联营企业名称为常州市武进塑玻装潢厂。其中，协作机械厂向常州市武进塑玻装潢厂提供玻璃钢塑料筒的生产图纸、技术要求等，以确保常州市武进塑玻装潢厂开发新产品。常州市武进塑玻装潢厂在协作机械厂提供产品技术文件后，抓紧试制投产，以确保产生经济效益。协作机械厂负责包销常州市武进塑玻装潢厂生产的全部玻璃钢塑料筒产品。常州市武进塑玻装潢厂在投产后，向协作机械厂支付为年产值18%的技术成果转让费，常州市武进塑玻装潢厂向协作机械厂支付为年产值12%的产品包销费。

### （三）与华东师范大学的跨区域交接

由于协作机械厂地处浙江省临安县，不属于上海市与安徽省的交接范围，上海方面曾于1985年2月先后赴浙江省国防工办、省计经委、杭州市计经委和临安县政府征求意见。经多方协商，协作机械厂最终考虑将厂内的不动产、土地使用权、留浙职工移交给愿意接收的单位。1987年初，先后有浙江省劳改局、上海市总工会、华东师范大学、同济大学等单位从各自的需要出发来厂实地考察。华东师范大学在实地考察后当即表明了要求接收不动产和留浙职工的意向。1987年4月初，时任华东师范大学教师周胜伟在与在上海后方机电公司工作的校友薛志明的闲聊中了解到协作机械厂的情况。周胜伟随即将该情况向校方领导进行了汇报。随即，华东师范大学主要领导通过薛志明向上海市总工会借看了协作厂全貌的电视录像片，看后邀请协作机械厂和上海市机电公司赴华东师范大学介绍情况。1987年4月13日，时任上海市机电公司副经理王微珉、左兴泉和协作机械厂副厂长赵岳汀、厂党委副书记姜兆松应邀去华东师范大学调研。双方协商中心议题包括两个方面：一是不动产利用，二是99名留浙职工的安置。王微珉等介绍了上海在安徽的80个小三线企业事业单位和小三线企业事业单位的固定资产、流动资金，同时，介绍了浙江当地政府对协作机械厂调整的态度并详细介绍了协作机械厂利用山里搬回的设备在上海筹建联营厂、临安县不动产和99名留浙职工等情况。校方听了介绍后表示要组织人员到山里实地考察，并指派黄瑞棠同志具体负责。

1987年4月26日，华东师范大学派出由10人组成的考察组进山实地考察协作机械厂。4月27日，考察组在实地考察后随即向后方机电公司和协作机械厂表明了对不动产和留浙人员愿意接收的意向，并商谈了接收后准备建立教育、培训、写作基地，发展康复疗养事业，以及适当组织一些小型生产等设想。校方还要求厂方留几辆汽车，帮助疏通地方关系。

1987年10月9日，经上海后方机电公司、上海后方基地管理局、国家教育委员会办公厅的同意，协作机械厂与华东师范大学共同签订了《上海协作机械厂、华东师范大学交接协议书》。其中规定，协作机械厂在经征得临安县政府的同意后，由华东师范大学接收。协作机械厂移交给华东师范大学全部不动产与部分固定资产原值882.4万元，净值597.13万元，支付华师大安置费90万元，开办费、改造费20万元，99名留浙职工作为华师大在册人员，并留下8辆汽车。为让华东师范大学能尽快发挥留下的不动产和部分设施及数名职工的作用，协作机械厂将协助其熟悉当地有关情况，办理有关必需契约的过户手续，提供有关设施的图纸、资料，使其能独立操作。1987年12月，华东师范大学向国家教育委员会报告了无偿接受浙江临安上海协作机械厂全部不动产及部分设施的情况，国家教育委员会同意其决定，并强调无偿接收浙江临安上海协作机械厂后，如能稍加改造办成有利于教学、科研、生产和生活的单位，并长期实行企业化管理，独立核算，自负盈亏，不需要国家教育委员会经费和基建投资补贴，则同意华东师范大学无偿接收协作机械厂。

在与华东师范大学签订交接协议后，1988年1月，协作机械厂与临安县人民政府、华东师范大学及后方机电工业公司共同签订了《关于将原上海协作机械厂的部分房屋和土地产权无偿移交当地政府的协议书》。主要内容是移交给当地小学1所及部分房屋，建筑面积共6655平方米。浙江省临安县对协作机械厂的做法表示理解和同意，并将全力支持华东师范大学。

1988年1月，上海后方基地管理局《关于协作机械厂与华师大临安县签订协议的审批报告》报请上海市小三线协调办审批。当月上海市小三线协调办会同上海市劳动局正式批复同意。99名留浙职工的年度工资总额也由市劳动局通过劳动人事部综合计划局正式划转华师大。至此交接协议书正式生效。按照协议约定，自1988年4月1日起，各项关系由华东师范大学负责，留浙职工即隶属华东师范大学，终止与协作机械厂的关系。至1988年3月底，协作机械厂共移交给华东师范大学固定资产原值8824046.20元、净值5971391.30元、残值60228.65元，支付人员安置费90万元，一次性开办费、改造费20万元；交给地方固定资产原值501652.30元、净值376513.26元、残值97555元，支付地方一次性扶贫费28.5万元。

## 五　本章小结

协作机械厂是位于浙江临安的，由中华造船厂和上海起重运输机械厂包建的主要生产新40火箭弹的上海小三线军工企业，其一方面通过联合其他单位技术力量实现了压铸尾杆工艺的创新，另一方面就生产中出现的质量问题，通过一系列工作提高了产品质量。总体来看，以协作机械厂为代表的联合技术创新模式有如下特点。

第一，一定程度上实现了技术消化吸收后的创新。协作机械厂在生产中，对新40火箭弹的工艺进行了大规模改进，其中压铸尾杆工艺的创新更是其技术消化吸收后创新的典型代表。这一系列的技术升级，让协作机械厂荣获1981年国务院国防工业技术改进奖三等奖和1977年上海市科技大奖。

第二，在技术消化吸收创新中多采用联合创新的方式。协作机械厂对新40火箭弹压铸尾杆工艺的创新是在上海机械制造工艺研究所等单位的协助下完成的。生产中的核心工艺——吹氧压铸工艺是在借鉴上海机械制造工艺研究所实践经验的基础上摸索出的。随着其他单位技术人员的介入，协作机械厂较为顺利地实现了对新40火箭弹生产工艺的革新，提高了企业劳动生产率和产品良品率。

第三，注重新技术的引进与使用。在新40火箭弹生产中，当时中国多数企业选择采用拉力试验的方式，但拉力试验是有损检验，容易造成产品的内在损伤。X光射线方法虽然可靠，但新40火箭弹内部构造较为复杂，若每根尾杆都照好几张照片的话成本太高。协作机械厂为解决这一技术难题，积极与广东汕头超声波仪器厂联系，在引进新设备的基础上进行改进，在新40火箭弹的生产中采用了超声波检验的方法。

第四，实现了一定程度上的技术反哺。协作机械厂最后将大部分的设备、人员迁回上海，并与上海柴油机厂联营，这一举措对上海柴油机厂意义重大。

# 本土化技术创新模式
## ——以八五钢厂为例

04
第四章

　　本土化技术创新模式是上海小三线技术转移模式的其中一种，八五钢厂是这一模式的代表企业之一。八五钢厂是由上海冶金局和上海第五钢铁厂在安徽省贵池县包建的、以生产五七高炮身管毛坯为主要任务的上海小三线军工配套企业。本章将重点讨论八五钢厂在技术转移中的技术来源、技术改进过程、技术的本土化创新和技术转移的成效，总结本土化技术创新模式的内容和特点。

## 一　技术的来源和利用

　　转移技术的选择和承接是技术转移前的重要工作。八五钢厂作为上海冶金局和上海第五钢铁厂包建的小三线军工配套企业，其技术来源是上海第五钢铁厂提供的钢铁生产技术和设备。为此，八五钢厂制定了详细的技术承接方案，按照转移技术的特性规划了其生产车间，并完成了五七高炮身管毛坯的试制。

### （一）转移技术的来源

　　八五钢厂是由上海冶金局和上海第五钢铁厂在安徽省贵池县包建的上海小三线军工配套企业，其中上海冶金局负责协调建厂的各类事项，上海第五钢铁厂负责设备和人员的提供。选择上海第五钢铁厂承担包建八五钢厂的原因有二。第一，当时上海的钢铁生产能力处在全国前列。

1961年1月，时任冶金工业部部长王鹤寿在会议上肯定上钢已成为仅次于鞍钢的全国钢铁生产基地，并指出，"上钢经过三年大发展，已发展到年产250万吨的规模。上海总体技术水平高，又充分调动了职工群众的积极性，用高硫生铁炼出了好钢，搞好上海这个钢铁生产基地对全国冶金工业都会起重大作用"。第二，上海第五钢铁厂有军工生产的基础。1963年7月，上海第五钢铁厂新建无缝钢管车间第一期工程竣工投产，建成了直径76毫米二辊热穿孔机1台、20吨双链冷拔机1台、不同型号的冷轧管机3台，生产航空用钢管、常规武器用管筒等，为军工产品生产打下了基础。1968年3月，根据国务院小三线会议精神，上海市革命委员会决定由上海第五钢铁厂包建八五钢厂。翌年4月，经上海市冶金工业局批准，由陈锁锁等九人组成八五钢厂筹建领导小组。7月，冶金工业局革命委员会常委冯秀芝任筹建指挥部主任。冶金工业局系统支援八五钢厂职工2032人，下放支农职工602人，中专技校毕业生1062人，共搬迁设备624台。在设备方面，上海第五钢铁厂支援了八五钢厂生产所需的全部设备，支援方式包括固定资产调拨、提供设备图纸、自制提供、拆迁提供等（见表4-1、表4-2）。

表4-1 上海第五钢铁厂支援的部分关键设备清单

| 序号 | 设备名称 | 规格及性能 | 数量 | 支援方式 |
|---|---|---|---|---|
| 1 | 电弧炉 | 30吨电弧炉 | 1个 | 固定资产调拨 |
| 2 | 碾砂机 | 1350千瓦 | 2台 | 提供设备图纸 |
| 3 | 吹氧管 | | 1个 | 自制提供 |
| 4 | 浇铸设备 | 8寸、10寸和12寸钢钉模、保温帽 | 1台 | 提供设备图纸 |
| 5 | 真空自耗炉 | 25吨、800千瓦、6千伏 | 1台 | 拆迁提供 |
| 6 | 真空感应炉 | 150千克中频感应炉 | 1台 | 拆迁提供 |
| 7 | 磁造机 | | 1台 | 自制提供 |
| 8 | 滚筒去锈机 | 滚筒直径600毫米 | 1台 | 自制提供 |
| 9 | 单梁电动吊车 | TV-301，质量3吨，长轴距8米，高6米 | 2台 | 带操纵室 |
| 10 | 连续加热炉 | 长12米，底宽1.5米 | 1个 | 提供设备图纸 |

表4-2　其他厂支援的部分关键设备清单

| 序号 | 设备名称 | 规格及性能 | 数量 | 支援单位 |
|---|---|---|---|---|
| 1 | 精密天秤 | WT2A，最大负荷20克，重量0.01毫克 | 1架 | 北京仪器厂 |
| 2 | 高温管式炉 | 8RJK-2-13D | 2个 | 天津电炉厂 |
| 3 | 管式加热电阻炉 | RJK-2-10 | 2个 | 哈尔滨电炉厂 |
| 4 | 电热恒温水浴锅 | 六孔 | 3个 | 上海国光医用器械厂 |
| 5 | 中性石英摄谱仪 | WDP-4 | 1台 | 北京光学仪器厂 |
| 6 | 电弧发生器 | WPF-2电弧炉，电流20安 | 1台 | 天津精密光学仪器厂 |
| 7 | 拉力试验机 | LJ-1000 | 1台 | 长春材料试验机厂 |
| 8 | 电炉 | 8RJI-4-1 | 5个 | 上海实验电炉厂 |
| 9 | 杯突试验机 | BT-10 | 1台 | 广州中西科学仪器厂 |
| 10 | 金相抛光机 | 单盘220 | 4台 | 上海华孚机器厂 |

## （二）技术承接方案的确定

### 1.厂址选择

上海市后方基地管理小组原计划是将上海冶金工业布置在安徽省青阳、贵池一带，目的是以发展"四新"和国防尖端技术有关的工厂、研究所、高校为主，适当考虑其他方面，进而形成综合性的工业和科学技术基地。1966年11月，工程指挥部按照上级指示设计了八五钢厂建厂方案，将青阳县东的西华公社自田垦至宋冲一带长10多千米大山坞的分支山坞间作为八五钢厂的厂址。选择此地的理由首先是政治条件好，该地过去曾是革命根据地。其次是地形隐蔽，该地分支山坞较多，隐蔽条件较好，全厂建筑物可以全部分散在这一地区的分支山坞内。再次是交通较为方便，青阳县内公路较为发达，各公社之间均互通公路，对外陆路有青阳至芜湖、屯溪、贵池、大通等地的省道，水路可以由长江入大通直至木镇（离厂区7.5千米），一年中有八九个月可以通航，冬季可以通航2吨以下的民船。最后是配套较齐全。电源可以利用县内3.5万伏的高压线路和11万伏的专用线路。厂区所在的西华公社是青阳的余粮社，每年可以向国家提供商品粮食约120万公斤。但工程现场进行施工准备不久，施工队发现这里虽有"好山"，但无水源，需要建立水库供给，无法建厂，工程遂告停。

1967年3月，中共中央在河南大别山召开全国小三线工作会议，会议决定由上海冶金局和上海第五钢铁厂在后方包建一座年产钢2万吨、为"五〇七"工程配套的特殊钢厂，并争取在1969年建成投产。带着这一任务，1968年8月5日，上海市冶金局小三线办公室主任带领市冶金局、钢铁五厂、钢研所、冶金设计院、水文地质大队和市政设计院等单位共14人组成调研组到浙江、江西、安徽一带考察。当时国务院对八五钢厂建设极其重视，八五钢厂首任党委书记陈锁锁回忆，"特钢厂是为'五〇七'工程配套的。整个'五〇七'工程投资4亿元，八五钢厂的投资是4000万元。国务院对这项工程特别重视，特别是特钢厂的建设"。调研组将考察情况整理后上报给时任南京军区副司令饶子健，其随即表示肯定，"这里靠河，有水源，交通方便，同时不占良田，离为其配套的底盘厂、瞄具厂只有两三公里"①。

最终经南京军区、市革委会工交组、812指挥部军管会等单位协商，确定在池州专区贵池县南面梅街附近，与贵池县的空间距离25千米、公路距离约30千米的地区建厂。厂区由石门冲、汤家冲、冷水川及大冲等组成，各冲均三面环山，其中尤以石门冲为佳，冲深、山高、坡陡、林密，平均冲宽50米，隐蔽条件极好。厂区一侧有贵石公路经过，贵石公路经贵池与池口码头相连接，贵石公路拓宽整修后可以作为八五钢厂厂外运输的主干道。

厂址确定后，1969年5月29日，"五〇七"工程指挥部分部——八五钢厂现场指挥小组成立，成员来自市城建局、市建工公司、市政设计院201施工队、冶金设计院和军代教等单位，上海第五钢铁厂负责具体建设工作。

**2.生产车间的布局**

建厂初期，八五钢厂的生产任务是生产"五〇七"产品所需的全部铸锻

---

① 《饶子健将军》编写组编《饶子健将军》，上海人民出版社2011年版，第395页。

件（包括有色金属铸锻件）及弹头和部分型材，具体是钢产量20000吨/年、"五〇七"产品200门/年为标准，逐步达到国务院的要求，即钢产量30000吨/年、"五〇七"产品为300门/年。具体任务为钢产量：20000吨/年，其中合金钢比例为40%~45%，并供应年产200门"五〇七"产品的全部铸锻件（包括有色金属铸锻件）毛坯和弹头材料及部分热轧中小型钢材。生产一部分轻武器用的冷拔钢管和民用钢材，约8000吨/年。

为完成生产任务，八五钢厂对设备人员进行了合理分配和利用，共设置了包括电炉炼钢车间、锻造车间、轧钢车间、管棒车间、铸造车间、机修车间、特冶车间、中心试验室等车间。原八五钢厂第一副厂长兼总工程师许汝钟回忆，"我们厂一共8个车间。01车间负责炼钢和铸造，包括木模精密锻造。02车间负责锻造，包括自由锻、模锻，后面还有一个加工炮管工段，炮管里面的来复线是胜利厂加工的。03车间是轧钢车间，主要是棒材。04车间是钢管车间，生产无缝钢管，都是合金管。05车间负责组织厂内的汽车运输。06车间负责理化检验，钢材出厂，产品必须有质保书。07车间负责生产毛坯件，还要负责全厂的机修工作。08车间专门生产煤气，有4台煤气发生炉"。

具体来说，01车间主要负责炼钢和成品铸造，每炉每天冶炼1.5小时，年工作日260天，年产销300吨。02车间负责修造和热处理，年产7536吨。实行三班制，年工作6500小时。主厂房12182平方米，辅助厂房1244平方米，露天栈桥1836平方米，人员500人。03车间主要生产军工和民用钢材，车间面积8500平方米，原料栈桥864平方米，成品堆场1080平方米，工人409人。要求年开坯10000吨，年产钢材11850吨。04车间主要设备包括直径76毫米无缝穿孔机组1套、20吨双链冷拔机和15吨单链冷拔机各1台，车间主厂房5718平方米。涵盖热穿孔、热处理、酸洗、冷拔、矫正、精正、工具加工等工段，工人总计300人。06车间负责原材料分析和产品出厂检验，包括化学分析、金相物理、仪表、热处理、试样加工、力学与药品、仪器仓库、低倍酸浸等工段，工人总计59人。07车间为全厂总机修车间，工段包括金工、铸铁、电修、锻造、热处理、铆焊、总仓库、配电所、空压站，主要承担备品备件、技措项目、机床维修任务。

### （三）五七高炮身管毛坯的试制

结束建厂工作后，八五钢厂联合五机部五二研究所开展技术攻关，于1977年完成五七高炮身管毛坯的试制。本部分重点讨论了八五钢厂试制五七高炮身管毛坯的具体做法。

#### 1.试制工作的启动

五七高炮全称57毫米口径高射炮，最早是由内蒙古包头447厂（156项工程之一）负责生产，但因生产能力的限制，身管毛坯的供应不能适应实际需要。为解决大城市防空问题，1968年12月，上海市提出在安徽省皖南地区规划建设一套57毫米高射炮厂及炮弹厂。1969年1月7日，国务院批准了上海《关于上海小三线地区增建57毫米高射炮等工厂的报告》，要求将该武器作为地方军工项目建设，并确定由上海机电系统在安徽省贵池山区包建4个工厂生产五七高炮。上海汽轮机厂、上海重型机器厂和上海第二机床厂包建了前进机械厂生产五七高炮主体，上海机床厂包建了永红机械厂生产五七高炮瞄具，上海革新电机厂包建了五洲电机厂生产五七高炮电机，上海电器厂包建了火炬电器厂生产五七高炮电传动装置，而由上海市冶金局和上海第五钢铁厂包建的八五钢厂负责生产五七高炮身管毛坯。

1971年下半年，八五钢厂成立了身管试制小组，对1971年冶炼的九炉炮钢从冶炼、加工到检验都作了试验分析。由于"五〇七"产品中大量的零件属于铸钢件、精铸件、有色件和自由锻件，所以八五钢厂还成立了"五〇七"产品铸钢件、精铸件2个攻关小组。铸钢件攻关小组曾多次访问产品用户，征求对产品的形状、尺寸、质量的意见。精铸件攻关小组还和用户签订了模具生产协定。这些工作，为八五钢厂的生产积累了一手资料。

结合前期的各项工作，1971年11月，八五钢厂党委书记陈锁锁组织召开了由01车间、02车间、05车间、07车间、厂生产组有关同志参加的身管试制工作会，会议明确了试制目的是摸索出一套适合八五钢厂实际情况的身管生产工艺技术路线和具体操作规程，规范了钢锭锭型和毛坯生产尺寸图。要求下一阶段试制工作要稳定冶炼质量，制定炉前、浇铸、钢锭退火的操作规程和工艺参数。根据锻打情况和检验结果，确定钢锭锭型；锻造方面要求确定锻打工艺，根据退火质量检验结果，确定退火工艺规程，进行锻材缓冷处理试验，为此后三辊轧机生产工艺积累经验；测试方面要求技术人员熟悉标准，产品测试手段齐全，同时可以积累较为完全的金相图谱。

八五钢厂的试制工作在会后开始。八五钢厂组织参会人员研究试制试验工作方案，确定了试验项目包括钢锭解剖试验和身管解剖试验。其中，钢锭解剖试验即检查钢锭的结晶情况、成分偏析和缩残等缺陷情况，鉴定钢锭质量，为大生产提供依据。钢锭解剖由 01 车间负责，其余检验由 06 车间负责。试验结果按照相应部标和五厂标准鉴定。身管解剖试验，即低倍和断口试验、机械性能和横截面上酸度检查、低温冲击韧性试验、测定钢组织和实际晶粒等。试样制作和结果鉴定按照部里标准和包头 447 厂厂标执行。在上述检验通过后进行剥皮处理，并在进行超声波探伤检查后测试调质态力学性能，后续再进行锻态、退火态、调质态的高倍金相组织检查。此外，还要适当进行一些试验工作，摸索热处理制度、材料低倍组织、力学性能间关系。

1972 年 6 月，时任八五钢厂领导王作文主持召开了试制准备会议，由 01 车间、02 车间、06 车间、07 车间、基建、供应、生产等单位负责人参加。会上，王作文传达了上海市国防工办对八五钢厂年内试制 20 门"五〇七"产品任务的批复。会上根据去年身管试制工作会议的落实情况，分析提出了完成 1972 年任务的有利条件和不利因素，"据 1971 年产品主要问题：表面清砂不干净、部分产品机械性能不合格、个别产品与图纸不相符等；精铸件除表面清砂及机械性能和气孔外，还有六套模具需要三季度才能交货及 12 套模具正在修理中。自由锻件可以全部生产，型锻件由于模具不齐暂时不能全部生产。矫正机、井式炉暂时不能交付生产。07 车间二工段除有色压铸件外，其他工件均可以按期生产，但在工艺上必须协助化学分析铸铁件制动鼓材质，确保机械性能合格。除上述之外，'五〇七'身管、锻模有色压铸模，均由于设备及木模准备工作来不及完成，导致今年不能全部试制，但准备工作仍然需要大力推进"。

截至1973年，八五钢厂只能试制56种五七高炮毛坯件（见表4-3）。1973年7月21日，八五钢厂向上海市冶金局和后方基地党委发文，表达了八五钢厂在五七高炮毛坯件试制过程中的主要问题。随即，上海市冶金工业局和后方基地研究决定对八五钢厂所缺生产设备进行补充，试制工作才步入正轨。

表4-3　1973年八五钢厂五七高炮试制情况

| 项目 | 总品种数 | 可试制的品种 | 可生产的品种 | 没条件试制的品种 | 试生产所需的资源数量 | 备注 |
|---|---|---|---|---|---|---|
| 铸钢 | 38 | 33 | | 5 | — | 过去试制少，质量有问题，尚未定型，木模变形要换新模，铸件滑砂措施不好用 |
| 精铸 | 101 | 2 | 99 | | 铬铁82千克，镍14千克，铝铁10千克 | 支座、炮门支架二个大铸件要试制 |
| 自由锻 | 78 | 1 | 73 | 4 | 11吨合金钢材 | 四大环无扩孔设备，今后没条件生产 |
| 铸铁 | 20 | 1 | 19 | | | 材质未定 |
| 有色铸造 | 83 | | 83 | | 铝合金16500千克，铝30000千克 | |
| 压铸 | 17 | | | 17 | | 模具还没加工好 |
| 型锻 | 155 | 19 | | 136 | 6吨合金钢材 | 149副模具仅加工好29副 |
| 身管 | 1 | | | 1 | | 液压件等未落实部分设备未安装试运转，当年抓好配套 |
| 合计 | 493 | 56 | 274 | 163 | | |

### 2.实弹射击试验的开展

1974年底，八五钢厂共冶炼出炉号为395、1167、1168的炮钢，锻打出24支五七高炮身管毛坯。1975年4月15日至5月7日，由上海市革委会工交组牵头成立的试验领导小组在上海奉贤靶场对八五钢厂1974年底出厂的一批产品进行实弹射击试验，试验领导小组成员来自上海警备区后勤装备处、上海市冶金局、上海后方基地、后方机电公司、上海市第五钢铁厂、上海重型机器厂、上海材料研究所、上海钢铁研究所、上海警备区驻池州验收组、贵池钢厂、胜利机械厂、前进机械厂等单位，上海重型机器厂和上海材料研究所等单位也提供了技术支援。

实弹射击试验是参照有关大型高炮试验的制造和验收技术条件进行的。试验共进行了2001发砂弹射击试验，射击方法是在各阶段性的小型试验后进行以每24发弹为一组、共计38次高低加速射击和39次方向加速射击试验。在每两组加速射击后对身管进行通水冷却，身管温度下降到100℃后再进行下一次加速射击，以此类推。二组之间射击间隔2分钟，每组24发弹连发射击时间大部分都在30秒内打完，最快的在12秒打完。试验所用弹药是燎原厂生产的57毫米高炮用杀伤填砂榴弹，弹道平均初速1000米/秒，平均膛压3081千克/平方厘米，初速或者误差0.95米/秒。测速、测压弹保温时间为48小时，最高温度17℃，最低温度13℃，测出的初速和膛压按照15℃修正。连续发射后的炮管外表温度，在每连发两组后，立即将炮管摇低，用手提式表面接触温度计测量温度，结果是距离炮口150毫米处温度为150℃~360℃，距离炮口2500毫米处温度为130℃~260℃。试验结果显示，八五钢厂生产的五七高炮身管毛坯经过2001发实弹射击试验后初速下降率为6.43%，膛压下降率为21.23%，情况属于正常。试制小组认为身管射击后材质基本完好，可以作为合格产品使用。

随着通过实弹射击试验，1975年6月20日，上海市革委会工交组向上海市冶金局和后方基地管理局发文，同意了八五钢厂五七高炮身管试验小组《关于五七高炮身管通过实弹射击试验的报告》，准许其成批生产。八五钢厂成立了以邵永康为组长、王凤有为副组长的军工领导小组，负责全厂五七高炮身管毛坯的生产。但由于八五钢厂试制时间较短且缺少生产身管毛坯的经验，因而在大批量生产中出现了异金属夹杂、断面收缩率偏低、身管毛坯大头有类似石状的中心粗糙断口和细灰线断口等质量问题。

**3. 身管毛坯质量的攻关**

由于在成批生产中，八五钢厂发现五七高炮身管毛坯存在异金属夹杂、断面收缩率偏低、身管毛坯大头有类似石状的中心粗糙断口和细灰线断口等问题，故于1976年2月联合五机部五二研究所成立了五七高炮身管毛坯质量攻关小组，制订攻关计划和组织实施。

（1）质量攻关计划的制订

1976年3月，攻关小组制订了五七高炮身管毛坯质量攻关计划。具体包括：一是消除异金属夹杂，即分析异金属夹杂的成分，指出在身管毛坯中的分布规律，探索产生的原因并提出消除的措施；二是提高断面收缩率，即摸索影响断面收缩率的主要因素，提出提高断面收缩率的措施；三是改善断口，即研究中心粗糙断口的分布规律、对性能的影响和消除的措施，研究细灰线断口的本质，提出改善细灰线断口的措施。

整个质量攻关计划分两个周期，第一周期主要进行身管毛坯解剖试验和工艺试验。其中，解剖试验包括：①对因异金属夹杂和中心粗糙断口报废的166号身管毛坯进行解剖试验，目的是明确异金属的成分和分布规律，其次是解决中心粗糙断口的分布规律及其对机械性能的影响；②对因断面收缩率不合格而报废的109号身管毛坯进行解剖试验，找出断面收缩率不合格的原因。工艺试验包括：①冶炼，即在5吨电弧炉内冶炼3炉钢，主要目的是消除异金属夹杂，提高断面收缩率和改善细灰线断口；②锻造，将70个钢锭分两批，分别进行锻造和锻后退火试验，以消除中心粗糙断口；③熔检，即将锻成的70支身管毛坯按照常规流程做熔检，并测定钢中微量元素的残存。

第一周期攻关试验计划于1976年3月8日启动、4月30日结束。第二周期攻关试验是在第一周期试验的基础上，重点查清异金属夹杂产生的原因，并提出消除措施。同时做好异金属夹杂、小棱面断口和细灰线的测试鉴定工作，进一步提高产品合格率。试验内容包括测试工作和工艺试验两项。其中，测试工作的内容主要是通过金相、结构分析和电镜等手段测定异金属及过渡区的成分和组织；鉴定小棱面断口析出物的成分；分析鉴定细灰线的杂质和夹杂物的关系。工艺试验主要包括：①异金属模拟试验，即结合冶炼探索，将余钢铸成3支锭，锻成直径150毫米圆钢。软化退火后，切取试片，做双面低倍、断口检验，观察异金属的外貌、金相组织，分析异金属的成因。根据试验情况，再考虑确定下一批的模拟试验方案。②冶炼，即严格按照炮钢冶炼规程和第一周期所提及的冶炼操作要点精心操作。③锻造和退火，即锻造继续采用原工艺试生产，过火仍采用二次过冷工艺，锻造后身管毛坯先在炉旁空冷到400℃~500℃后再入炉。

（2）质量攻关试验结果

1977年中旬，攻关小组初步查清了异金属夹杂产生和断面收缩率偏低的原因，搞清了小棱面断口和细灰线的本质，并在生产中发现了消除小棱面断口的有效措施。

第一，异金属夹杂。

异金属夹杂是八五钢厂五七高炮身管毛坯生产中存在的一个突出质量问题。由于其与基体金属的成分、性能完全不同，破坏了钢的组织完整性，属于不允许存在的缺陷。八五钢厂在1975年批量生产检验的30炉297支身管中，有49支发现了异金属，其形貌与一般冶金厂偶然出现的大块异金属夹杂不同。一般冶金厂的异金属夹杂都很小，最大的如黄豆，最小的似针尖，多数情况下只有芝麻大小。但八五钢厂异金属夹杂的形状很不规则，有的呈现圆形，有的有棱有角，有的则弯曲分支。

随后攻关小组技术人员对八五钢厂于1975年、1976年两年生产的存在异金属的16支身管进行金相观察，并在ASM-SX型扫描电镜上对部分试样进行了电子探针分析。结果表明，八五钢厂的异金属夹杂大体分为三类：一类是以铁素体为主的低碳钢，一类是以珠光体为主的中碳钢，还有一类是含镍、铬等元素的低合金钢。但在二次工艺试验加强冶炼浇铸后没有产生异金属。随即攻关小组再次对1976年6月至8月冶炼的33

炉钢进行检查，异金属却再次出现，在251支身管中有41支发现了异金属。这一情况也让攻关小组逐步排除了炉前、炉后等因素，将观察重点缩小到浇铸过程。最后，攻关小组认为异金属夹杂可能是由浇铸过程中的溅钢豆造成的。这些溅钢豆浇铸时溅入周围的平板、石墨渣、发热剂、钢锭模中，由于清洁工作做得不够，而被重新带入钢锭中，产生了异金属夹杂。

带着这一猜想，攻关小组在八五钢厂1976年9月以后的炮钢生产中，由全面抓清洁工作改为重点抓浇铸各环节的清洁工作。在9月至12月生产的171支身管中仅有9支发现了异金属夹杂，较之前显著减少。进而攻关小组认为异金属夹杂主要是浇铸过程中的溅钢豆造成的。

通过对异金属夹杂问题的专题攻关，攻关小组认为五七高炮身管中的异金属夹杂一般出现在身管大头部位，其尺寸一般都很小，形状也很不规则；其夹杂与基体金属熔合良好，在低倍上呈银白色，而在断口上闪闪发亮。其组织和成分各不相同。与此同时，攻关小组认为，除进一步抓好浇钢清洁工作外，还应加强生产管理，严格操作流程，认真做好浇铸各环节的清洁工作，并将石墨渣、发热剂、汤道砖和中主管砖等统统撤离现场，才能杜绝异金属夹杂的产生。

第二，小棱面断口。

小棱面断口是八五钢厂在五七高炮身管毛坯生产中发现的另一重大问题。在1974年和1975年生产的307支身管中有90支存在小棱面断口。这种断口是当时中国采用碱性电弧炉冶炼炮钢普遍出现的问题，主要是因为钢加热温度过高或时间过长会引起奥氏体粗大，对于某些合金结构钢，加热温度过高，除导致晶粒长大外还会促使硫化物等质点更多地向奥氏体中固溶，并在随后的冷却过程中向奥氏体晶界析出，这种现象称为过热。过热无论晶界有无析出相均会显著降低钢的塑性和冲击韧性。晶界无析出相的过热，属于不稳定过热，可以通过重结晶予以消除而使钢恢复原有的性能；有析出相的过热在一般热处理温度下，析出相因不能完全固溶而很难消除，属于稳定过热，其宏观特征是在纤维状断口的基底上分散分布有大量的小棱面断口。

对此问题攻关小组做了如下工作。

首先对166号身管进行解剖试验，结果发现小棱面断口多出现在身管毛坯大头心部。在整个大头部分，小棱面区范围基本相同；在大小头过渡区中，小棱面区范围逐渐缩小；到小头部分，基本为纤维状断口。小棱面断口均出现在身管心部，其范围为55~110毫米。由心部往边部棱面逐渐减少，边部为纤维状断口。

其次攻关小组测试了小棱面断口对身管质量的影响。通过从166号身管大头低倍试片上切取拉力和冲击试样进行常温机械性能试验，结果表明小棱面断口对强度影响不大，但当断口上出现小棱面时，其塑性特别是冲击韧性就有所降低，降低的程度与棱面的大小、数量和分布有关（见表4-4）。

表4-4　小棱面断口对机械性能的影响

| 试样位置 | 拉伸性能 | | | | | 冲击性能 | |
|---|---|---|---|---|---|---|---|
| | 比例极限 $\sigma_p$ | 抗拉强度 $\sigma_b$ | 伸长率 $\delta$ | 断面收缩率 $\psi$ | 断口 | 冲击功 $a_k$ | 断口 |
| 1 | 86.5 | 109.0 | 13.5 | 32.0 | 小棱面 | 3.2 | 小棱面 |
| | 88.5 | 109.0 | 13.5 | 35.0 | 少量小棱面 | 2.8 | |
| 2 | 87.5 | 109.0 | 12.5 | 25.5 | 小棱面 | 3.2 | 小棱面 |
| | 88.0 | 109.5 | 12.0 | 33.0 | 少量小棱面 | 2.8 | |
| 3 | 86.5 | 110.0 | 13.5 | 40.5 | 少量小棱面 | 4.0 | 小棱面 |
| | 89.5 | 111.0 | 14.0 | 34.5 | 微量小棱面 | 4.0 | |
| 4 | 87.0 | 110.0 | 13.0 | 27.0 | 少量小棱面 | 4.6 | 小棱面 |
| | 88.5 | 110.0 | 14.5 | 36.0 | 微量小棱面 | 4.8 | |
| 5 | 90.5 | 112.5 | 16.0 | 41.5 | 纤维状 | 5.8 | 纤维状 |
| | 89.5 | 112.5 | 16.0 | 42.5 | 纤维状 | 6.0 | |
| 6 | 89.5 | 112.5 | 15.0 | 42.5 | 纤维状 | 6.6 | 纤维状 |
| | 90.0 | 113.0 | 16.0 | 40.5 | 纤维状 | 6.2 | |
| 7 | 92.0 | 113.0 | 16.0 | 47.5 | 纤维状 | 6.0 | 纤维状 |
| | 92.0 | 113.5 | 16.5 | 44.5 | 纤维状 | 5.8 | |
| 8 | 92.0 | 113.0 | 17.0 | 50.0 | 纤维状 | 6.4 | 纤维状 |
| | 92.5 | 113.0 | 16.0 | 42.5 | 纤维状 | 6.2 | |

　　然后攻关小组测试了锻后冷却速度对小棱面断口的影响。过往曾有过相关试验，其中八五钢厂在1974年冶炼的第一炉（41-395）钢锭，由于运输设备发生故障，未能及时送入退火炉而是空冷至室温后再入炉退火，这10支身管全部无小棱面断口。1975年8月27日，锻造退火（退火炉号58-211）的20支身管中，有1支（5%）出现小棱面断口，这一炉规定的待料温度为600℃~650℃，但实际控制温度为400℃~620℃。1975年9月至10月，攻关小组参照上海重机厂二次过冷工艺（待料温度500℃~550℃，料齐2小时后空冷至280℃~320℃，保温5小时后升温退火）处理了三批59支身管，只有3支（占5%）出现小棱面断口。故在1976年3月进行的工艺试验中，攻关小组结合过往实践，同时采用了两种不同的锻后退火工艺进行比较，第一种是原工艺（待料温度600℃~650℃，料齐2小时后升温退火），第二种是二次过冷工艺（待料温度400℃~450℃，料齐2小时后空冷至280℃~320℃，保温5小时后再升温退火）。攻关小组技术人员随即发现采用原退火工艺的14支身管中有3支（21.4%）出现了小棱面断口，而采用二次过冷工艺的13支身管全部无小棱面断口。在此基础上，攻关小组又将待料温度进一步降低到400℃~450℃，并将身管小头空冷至400℃再入炉。除61-655炉出现5支小棱面断口外，其余的304支身管全部未发现小棱面断口。

　　最后攻关小组对二次过冷工艺进行了讨论，其认为二次过冷工艺对于防止小棱面断口的产生是行之有效的。这种工艺之所以能够防止小棱面断口的产生，其实质就是加快了身管在锻后的冷却温度，防止了氮化物沿粗大奥氏体晶界析出。但事实上，二次过冷工艺也在不断改进。上海重型机械厂最初采用的二次过冷工艺的待料温度是500℃~550℃，但是这样一个待料温度有时还是会出现小棱面断口，后来上海重型机械厂将温度降为450℃~500℃。攻关小组在吸取上海重型机械厂经验后，开始时采用了450℃~500℃的待料温度，后来又降为400℃~450℃，并将身管先空冷到小头达400℃时再入炉。实践证明采用低温待料是有效的。

　　攻关小组经过上述试验后发现，小棱面断口绝大部分出现在身管大头心部，在整个大头部分其范围基本相同，在大小头过渡区中小棱面区的范围逐渐缩小。小头部分基本为纤维状断口，但有些身管小头也出现过小棱面。小棱面断口的出现对身管强度影响不大，但却会让身管塑性，特别是冲击韧性下降，其下降程度与棱面的大小、数量、分布有关。对于小棱面断口的形成，攻关小组认为是由于身管锻后冷却缓慢、氮化物沿粗大奥氏体晶界析出造成的。解决的方案是将锻造后退火待料温度从原来的600℃~650℃降至400℃~450℃，料齐保温2小时后再在280℃~320℃进行5小时的二次过冷，进而可以有效防止小棱面断口的产生。

第三，细灰线断口。

八五钢厂生产的部分五七高炮身管毛坯断口上会出现细长且呈锻灰色的细线，这种细灰线在不同程度上降低了身管的机械性能。为探究细灰线的本质，攻关小组先后取了两批试样，在扫描电镜和透射电镜下进行观察，发现细灰线的本质是由夹杂物所造成的，这些氧化物是尖晶石和铝硅酸盐。一般来说，硫化物夹杂要比链状氧化物尺寸小，所以二者形成的沟槽宽度也不一样，其中链状氧化物形成的沟槽要宽一些，在工具显微镜下看到的银亮色线条也宽一些，而硫化物造成的线条要窄一些。

研究细灰线对身管机械性能的影响是一件比较困难的事情，因为身管上细灰线的长短、宽窄、密集程度和分布都不一致，难以准确说明细灰线对机械性能的影响究竟多大。攻关小组技术人员通过大量观察发现，细灰线越多、越长、越密，对性能越不利。以51-834炉为例，该炉10支身管中有8支出现细灰线而且情况都比较严重，所以该炉的面缩水平很低。大部分身管经过多次调质后性能仍然不合格。随即攻关小组挑选了1支经6次调质后仍不合格的身管进行解剖（见图4-1），发现细灰线与机械性能有密切关系（见表4-5）。

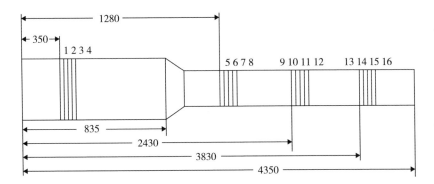

断口试片：2、6、10、14
接力试片：1、5、9、13
冲击试片：3、7、11、16

图 4-1 109 号身管解剖图

表 4-5 109 号身管机械性能数值

| 试片号 | 拉伸性能 | | | | |
|---|---|---|---|---|---|
| | 比例极限 $\sigma_p$ | 抗拉强度 $\sigma_b$ | 伸长率 $\delta$ | 断面收缩率 $\psi$ | 断口 |
| 1 | 104.0/106.0 | 120.5/120.5 | 5.5/7.0 | 9.0/13.5 | 纤维状 + 束状细灰线 |
| 3 | 103.5/103.5 | 121.5/121.0 | 5.0/8.5 | 12.0/13.5 | 纤维状 + 束状细灰线 |
| 5 | 106.0/101.5 | 120.5/123.0 | 4.0/6.0 | 11.5/11.0 | 纤维状 + 束状细灰线 |
| 9 | 100.5/97.5 | 116.0/115.0 | 6.0/6.0 | 9.0/11.5 | 纤维状 + 束状细灰线 |
| 13 | 102/— | 121.5/123.5 | 5.5/7.0 | 10.0/12.5 | 纤维状 + 束状细灰线 |

　　同时，攻关小组在身管生产实践中也发现细灰线与冶炼炉有着密切的关系。有些冶炼炉被发现只有少数身管有细灰线，有些则是整炉都是，基本上同一炉号身管的细灰线严重程度都较一致。由于细灰线的本质是由夹杂物造成的，所以试验结果就充分说明细灰线轻重程度与该炉的冶炼水平有着密切的关系。但是钢中夹杂物是存在的，从这个角度分析攻关小组认为不出现细灰线是困难的，最多只能将它减轻到一定程度甚至几乎不容易检验出来的程度，使它对性能不至于产生很大影响，进而保证身管的合格率。此外，攻关小组还发现钢锭中心部分夹杂比边缘多，钢锭头部夹杂比尾部要多。从表 4-6 中可以发现，小头无论是氧化物级别，还是硫化物级别均比大头偏多一点，身管小头细灰线在每平方毫米内的条数都要比大头

多得多。当然，在金相上看到的夹杂并不一定是细灰线中的夹杂，但是如果钢中总的夹杂比较多，那么造成的细灰线的夹杂也较多。

表4-6　各炉夹杂物评级

| 炉号 | 身管号 | 小头心部 | | 大头心部 | |
|---|---|---|---|---|---|
| | | 氧化物 | 硫化物 | 氧化物 | 硫化物 |
| 61–72 | 330 | 1.5 | 1.5 | 1.5 | 0.5 |
| 61–73 | 334 | 1.5 | 1.5 | 1.5 | 0.5 |
| 51–1468 | 339 | 1.5 | 1.5 | 1.0 | 0.5 |
| 61–71 | 342 | 2.0 | 1.5 | 1.5 | 0.5 |
| 61–350 | 356 | 2.5 | 0.5 | 2.5 | 1.0 |
| 61–351 | 366 | 1.5 | 1.5 | 1.5 | 1.5 |

最后攻关小组得到结论，细灰线在宏观断口上是一种细长且呈银灰色的线条，在工具显微镜下看则是一些沿加工方向排列的长短、粗细、宽窄、密集程度都不一致的银亮色的线条。小头心部位细灰线比大头多得多，前者每平方毫米上有26～56条，而后者只有8~18条。这反映了钢锭太小，其结果必然导致小头机械性能的降低。因此，细灰线断口问题和断面收缩率问题一样，都是钢中夹杂物引起的，前者是夹杂物在断口上的反映，而后者则是夹杂物在机械性能上的反映。

第四，断面收缩率。

断面收缩率低是八五钢厂在1975年批产品中发现的新问题。1974年试制的30支身管断面收缩率全部一次合格，其中 $\psi > 30\%$ 的有29支（占96.7%），而在1975年批量生产中的30炉钢中，统计了280支身管，$\psi > 30\%$ 的有162支（占57.9%）。为什么1975年生产的身管毛坯其断面收缩率水平这样低呢？对此问题攻关小组首先对原始数据进行了统计分析，发现断面收缩率水平与冶炼炉的关系较为密切，有的冶炼炉一次热处理合格率很高，整个断面收缩率水平也较高，而有的冶炼炉虽经多次处理，性能仍不合格。对照冶炼原始记录发现，断面收缩率水平高的冶炼操作一般较好，而断面收缩率低的冶炼操作一般较差。

攻关小组技术人员对原系断面收缩率6次不合格而报废的100号身管进行了解剖试验，发现从该身管5个部位取样的断面收缩率均在9.0%~13.5%，而在其全部断口上均发现有成束排列的细灰线。细灰线经鉴定均系夹杂物，主要是硫化物和氧化物，特别是氧化物较多。由此证明，断面收缩率与钢中夹杂物含量有关，而夹杂物是在冶炼过程中产生的。

与此同时，攻关小组技术人员认为客观条件对上述情况也有一定影响。炼钢所用原材料经过长途运输和堆放受潮，进到炼钢车间因不具备基本的烘烤条件，未经良好烘烤甚至不烘烤而直接使用，致使大量水分被带入钢中。此外，所用钢锭也较小，导致身管小头细灰线严重，断面收缩率明显低于大头。例如，1976年上半年生产的96支身管，大头平均断面收缩率为38.4%，小头则为32.7%，$\psi > 30\%$的大头有86支（占89.6%），小头只有63支（占65.6%）。因此，在正常生产条件下，为使断面收缩率稳定在较高水平上，攻关小组感到首先应狠抓冶炼操作，其次应创造原材料烘烤条件，并在可能条件下将钢锭尺寸适当放大。

经过大量试验，攻关小组厘清了八五钢厂五七高炮身管毛坯生产中出现问题的原因。1977年，八五钢厂开始大范围接受五七高炮身管毛坯订单，如1977年10月，八五钢厂与火炬机械厂签订技术协议，火炬机械厂要求贵池钢厂替其生产铝铸件35种、精铸件4种、铸铁件2种。1977年11月，八五钢厂与前进机械厂签订技术协议，五七高炮产品锻铸件毛坯由贵池钢厂承制。同月，胜利机械厂向八五钢厂订货，毛坯种类包括铸钢件、精铸件、锻件及型锻件等。

## 二　金属化球团技术的创新

金属化球团技术是八五钢厂在生产过程中摸索出的重要创新。八五钢厂在上海冶金设计院的帮助下顺利完成了关于金属化球团的一系列技术准备和试验工作，为后续生产提供了技术支持。

## （一）前期的技术准备

金属化球团是在一定条件下将氧化焙烧球团置于还原介质中，通过化学反应将氧化铁基本上还原为金属铁的技术。产品的金属化率一般达90%以上。金属化球团用作高炉原料时可大幅度降低焦比，产量可以提高40%以上；作为氧气炼钢冷却剂，可缩短冶炼时间2~4分钟；电炉炼钢原料中加入25%~75%金属化球团后，生产率可提高20%~50%，电耗降低15%~25%。金属化球团与废钢相比较，除具有上述改善电炉冶炼条件的性能外，还可以生产出某些更适用的钢种。当时国外最大的金属化球团厂是委内瑞拉的欧利诺科公司球团厂，其1973年利用金属化球团技术投产后，年设计能力可达105万吨。中国为了开发直接还原新工艺，高度重视金属化球团的研究。八五钢厂于1972年开始金属化球团试验的准备。

### 1. 初期试验经费的落实

1972年，八五钢厂向上海冶金局报告称，"我厂地处山区，电炉炼钢所需废钢要从上海调运，这样既增加了运输压力，也给生产带来了困难。据国外资料称'海绵钢'或'金属化球团'已可部分代替废钢炼钢。从备战角度看，原料立足山区，就地解决，是有非常重要意义的"。报告中还提到上海铁合金厂在上海市冶金局的支持下曾在1971年进行了回转炉生产金属化球团的试验，结果表明用回转炉还原出供电炉炼钢所需的金属化球团是可能的。在上海铁合金厂金属化球团试验的基础上，八五钢厂建议上海冶金局同意先用矿石为原料积累经验，再扩大到用矿粉或复合矿为原料的金属化球团。同时，希望上海市冶金局能予以支持，包括："第一，由于我厂是新建单位，技术力量薄弱，希望上海冶金局考虑安排一些单位协助八五钢厂共同攻关，如上海钢铁研究所和上海第五钢铁厂。第二，由于我厂明年扩建任务很重，半工业试验所需标准设备请上海市冶金局解决，标准设备的加工也请安排兄弟单位帮助。第三，原材料供应渠道。我厂所在地贵池县的各小铁矿的矿石均系安徽省直接控制分配，试验所需及以后大生产所需要的铁矿石的供应渠道还要请上海市冶金局通过市与安徽省沟通。第四，人员问题。初步估计半工业试验需要85人，由于我厂系新建单位，原方案中没有机动人员，故试验工作中的所需人员均要由上海市冶金局安排调配。"

上海市冶金局于1972年底将八五钢厂的报告送至冶金工业部。1973年初冶金工业部组织了上海冶金设计院及八五钢厂外出调查国内金属化球团试验的情况。回厂后相关人员结合调研情况，决定在1974年建成试验工程，年底出第一批试验情况报告，并制定了相应的试验方案上报上海市冶金局审批。1973年9月15日，冶金工业部拨给上海市冶金局50万元，让上海自行开展金属化球团工艺的研制，并将八五钢厂金属化球团半工业性试验分别列入部和局1973年重点科研项目。可见，八五钢厂对金属化球团技术的消化吸收，受到了包括冶金工业部在内的多个部门的支持，这对八五钢厂开展后续工作帮助极大。

**2.试验场地的确定**

1973年1月和3月，上海市冶金局和八五钢厂为确定金属化球团半工业试验车间的厂址，安排技术人员多次进行现场勘测，并在同贵池有关人员反复研究后确定了3个厂址方案。其中，第一方案是选于八五钢厂码头南面，毗邻码头，原料由水路直接运输至原料堆场，考虑二期工程的发展，征地面积为31500平方米，计47.25亩。一期土方量5万立方米（约25万元），并需筑挡水堤（约14万元）；第二方案是选址在厂区公路起点附近，原料由汽车自八五钢厂码头运输至车间，一、二期年货运量达14万吨，并要兴建全部生活辅助设施；第三方案是考虑放在距离厂区5千米处的潘桥地区，虽然距离厂区近，但所有的原料都要由汽车长途运输，约30千米路程，每年仅运输费就达到12万元，这对于产品成本的控制不利，同时也增加了运输压力。上海市冶金局和八五钢厂在评估方案后一致认为，"第一方案初期费用较高。因为厂址临近长江，需要从数里路外运土来填平场地，砌筑挡水堤。但从今后的生产上，是节约了大量的原料运输，如作为燃料的重油，可以直接用管道送至车间的油库内储存，对于生产上有利。同时可以利用原有码头的部分生活设施，职工生活上较为便利"。最终八五钢厂将金属化球团试验生产场地设在贵池钢厂码头。

在工艺原料方面，经过八五钢厂技术人员的前期调研和资料收集，最终选用铜陵铜尾矿作为金属化球团的工艺原料，南京梅山的碎焦作为还原剂，重油作为燃料。考虑金属化球团的年产量为55000吨，试验工程占地约2.5万平方米，预计每年原材料运输量达15万吨。鉴于原材料需要长江水运，因此选址在贵池县城东距离白牙塔路700米处的丘陵地。之所以选择此地，正如八五钢厂1974年6月在向上海市冶金局、池州地区革委会和贵池县革委会的报告中提到的：

我们选定此处作为工程地点有如下好处。

第一，运输路线合理，可减轻码头至厂区的运输压力，同时可节约大量车辆；

第二，靠近贵池钢厂码头，便于厂统一领导管理；

第三，供水、供电方便；

第四，土方工程少，施工速度快，可节约投资；

第五，离城区较远，且生产过程无有毒气体或液体排出，同时用重油做燃料没有烟尘排出，可保持周围环境的整洁。

为此，特申请批准征用此处丘陵地作为'金属化球团'试验工程用地。

1974年8月，上海市冶金局同意了上海冶金设计院和八五钢厂上报的征地方案，安排八五钢厂按照安徽省有关规定和市地县有关部门协商办理具体征地手续的同时，与池州地区革委会协调。

上海冶金设计院和八五钢厂选定八五钢厂金属化球团车间位置，在贵池地区各级领导的支持下，选定在该厂专用码头附近。

1974年9月，经双方沟通后，贵池县江口公社流坡大队清溪生产队同意八五钢厂征用原"五〇七"码头南边一片旱地。对于征用土地的费用，双方协议计算后合计28733.35元。

八五钢厂在开展金属化球团技术的消化吸收前，不仅在试验资金上得到有关部门的支持，具体事宜上还得到了贵池当地的全力配合。即使原则上三线建设不允许使用当地农业耕地，贵池为支持八五钢厂的发展，也依然以耕地作为试验场地，八五钢厂对其进行了相应补偿。

### （二）技术方案的设计

在前期准备工作基本完成后，1974年12月，八五钢厂与上海冶金设计院共同拟定并提交了《金属化球团半工业试验车间设计方案》至上海冶金局和冶金工业部，这标志着八五钢厂金属化球团技术创新迈出了坚实一步。

半工业试验是指将实验室中的研究成果推广到工业生产过程中的一种过渡性试验。八五钢厂与上海冶金设计院在方案的制定过程中，充分借鉴了北京钢铁研究院和浙江省冶金研究所的试验经验，在与其实际情况相结合后确立了一期和二期金属化球团试验车间的布局。一期规划为日产50吨、年产1.5万吨，而二期将进一步扩大规模，拟日产123吨、年产3.7万吨，进而满足钢厂生产的需要。试验原料采用铜陵凤凰山磁铁精矿粉为主要原料，梅山铁厂焦粉作为还原剂，皂土为造球剂，灰粉为脱硫剂，重油作为燃料。为确保工程的可行性，八五钢厂对投资估算进行了细致分析，一期工程总占地面积为6678平方米，预计投资405.22万元，若需要进行地基打桩，则需额外追补投资15万元。在人员配置方面，为确保车间运营的高效性，拟定额205名技术人员。

在试验设备的选择上，八五钢厂借鉴了首钢等单位的实践经验后，选择回转窑和链篦机作为主要设备。在回转窑的利用上，为确保试验效果的最优表现，方案规定炉料填充比例为8%~12%。同时，为达到充分还原的效果，八五钢厂还规划了炉料在炉内停留时间为2小时。而窑的长细比也在充分考虑后确定为10∶0.75，体现了对工艺条件的精准把握。对于链篦机，方案中规定了精矿粉球团在链篦机中的焙烧时间约为1小时，而取球料厚度100~150毫米的精心策划，进一步确保了球团工艺的高效进行。链篦机的规模设计也得以充分考虑，确定了1.2米的有效宽度和14米的有效长度，为设备运行提供了可靠保障。

在生产工艺的布局上，八五钢厂充分考虑了原料的运输和处理，在工艺流程中配置了原料池、料仓和混料筒等设备，确保了原料的有序配料和混合。在生产流程中，通过链篦机、回转窑和冷却窑等设备的巧妙衔接，实现了球团的烘干、还原、冷却等关键步骤，为金属化球团的制备奠定了坚实基础。

在运输方面，八五钢厂采用码头和汽车运输铜陵尾矿与梅山铁厂焦粉的方式，确保了原料的顺畅运输。同时，在给排水方面，八五钢厂充分预见车间用水的需求，合理规划了总用水量，并借助长江水源的特点，巧妙采用了囤船取水方式，为车间生产提供了充足的水资源。八五钢厂在试验设备选择、生产工艺布局等方面的决策，为金属化球团试验的成功开展提供了坚实基础。总而言之，八五钢厂结合自身实际情况并积极与国内有丰富实践经验的研究机构合作，共同为金属化球团技术的消化吸收创新奠定了技术基础。

### （三）工业化试验的进行

1975年2月，八五钢厂将《金属化球团试验车间设计方案》提交给上海冶金局后，上海冶金局表示，"同意试验车间总建筑面积5782平方米（其中，工业建筑4626平方米、生活建筑1156平方米），要求八五钢厂将费用控制在400万元之内（其中，设备、建安费用370万元，试验费用30万元），并且增拨了科研费20万元用于金属化球团工艺的试验"。对于设计方案中拟采用的工艺、设备和推荐的厂址方案（码头方案），上海冶金局同意八五钢厂一期试验规模为年产金属化球团15000吨，同时建议八五钢厂所设计方案中与二期结合的工程及1000立方米油罐1座应取消和缓建。其次为保证试验工作的顺利进行，上海冶金局建议八五钢厂应将生活设施和公用设施尽量利用码头现有的设施，设计方案中的办公室、汽车库、备品备件库和保健站等暂不建设，宿舍压缩至400平方米。待试验成功转产时再另行考虑配套工程。

上海市冶金局也就该方案向上海市革委会工交组作了报告，报告中提到，"冶金工业部于1973年9月15日下发的《关于拨给金属化球团试验费的通知》，要求本厂承办并抓紧编制实验方案，投资概算400万元，其中有冶金部科研费拨款250万元，并已拨下试验费用70万元。同时说明该项试验要求时间紧、任务重，冶金部要求在1975年内完成建安工程，具备试验条件，1976年进行试验，在国庆前攻克工艺关，拿出成果，故希望上海市革委会工交组予以支持，包括一方面将金属化球团试验工程列入今年市基本建设施工计划。土建任务请市建工局承担，三大材按基建供应办法由市物资局供应。另一方面标准设备要求由市机电设备公司供应，非标准设备小型的由我局及贵池钢厂自制解决，较大的请市机电一局制造"。

在多方努力下金属化球团技术于1978年在八五钢厂内正式运行。据八五钢厂1977年的统计，1977年全厂工业总产值和主要产品产量、品种等方面都创造了历史最好水平，其中工业总产值达到4420.3万元，超过历史最好水平1975年的3682.6万元。钢完成量为33921吨，超过历史较好年份1973年的33293吨。可见随着金属化球团技术的应用，八五钢厂降低了生产成本，提高了生产效率，实现了产量和产值的双重提高。八五钢厂1979年和1980年分别盈利528万元和531万元，是建厂以来最好水平。

## 三　技术的本土化调整

技术转移从来不是一个单纯的技术活动，而是一个涉及诸多因素的复杂的过程。八五钢厂在生产中结合承接地实际情况，对其生产技术进行了适应性调整。本部分将讨论八五钢厂因环境污染而进行的技术本土化调整。

### （一）八五钢厂的环境污染问题

20世纪七八十年代是上海小三线的大生产时期，也是安徽植树造林、封山育林发展森林资源的重要时期。1978—1986年，安徽森林面积增至3390万亩，较新中国成立初期增长34.5%，森林覆盖率达20.1%。其中宣城和池州地区覆盖率为30%~40%。黄山市和黄山风景区的覆盖率最高，分别为52.07%和77.0%，以上地区均为上海小三线布点的重要区域。由于八五钢厂的技术特性，在生产过程中不仅破坏了当地的自然环境，还影响到了农业生产，甚至威胁到了工人居民的身体健康。

**1. 对山林植被的污染**

上海小三线企业多分布在地理位置偏僻、自然生态较好的山区。工厂生产经营中产生的工业"三废"对当地自然环境的影响较大。如八五钢厂由于车间分散、设备陈旧、工艺落后，致使污染的面广、量大、种类多。1975年，该厂排放的化铁炉烟气就导致了附近400亩山地杉、松树林枯萎和部分死亡。该厂01车间的炼钢工人在进行吹氧操作时，车间厂房和周围山谷会被笼罩在黄白色、黄棕色的烟尘中，厂房周围的松树稀稀落落、松针稀疏，松针上"烟斑"随处可见；02车间有4台6.5吨锅炉大烟囱，生产期间工厂旁边的山谷会覆盖一层煤粉，煤粉厚度达4厘米，周围松树生长缓慢，植物群落改变，植被破坏严重。

**2. 对河水的污染**

八五钢厂主要产品为钢铁，污染较为严重。其中，第八生产车间排放的含酚废水就超国标750~1200倍，蒸汽管道冷却废水甚至超国标16250倍。在其下游的白洋河，是附近唯一的水源。随着八五钢厂生产活动的进行，污水常年排入白洋河中。当生产设备发生故障时，含酚废水将从排污管中溢出，直接流入白洋河内，使河水呈现红色，还会顺势漫延至居民日常用水的水源中。当时的工厂员工回忆，"在白洋河下游10多公里处已出现水质污染，经检测后不符合饮用水标准，且有三口深井发现水质污染，有几口井甚至已经两次发现，对当地居民用水造成严重影响"。

**3. 对农田的污染**

1966年4月，国务院国防工办转发了《关于小三线军工厂的厂址选择和厂区布置的几点意见》，明确规定了厂址的选择应按照战略部署的要求，坚决贯彻靠山、分散、隐蔽的方针，特别强调要按照不占高产田、少占可耕地、不迁居民、便利居民的原则。然而小三线工厂到了当地不可避免地需要征地。皖南地方政府为了支援上海小三线建设，曾专门划出9.27平方千米的土地，其中一部分还是旱涝保收的良田。此外，在建成生产后，由于工厂内路灯亮度过高，一方面周边作物多为短日照作物，夜间的长期光照干扰了作物生理活动，引起晚稻晚熟，导致其开花不结果或开花很少结果；另一方面容易招引趋光害虫，诱发作物病虫害。

**4.对当地居民和工人健康的影响**

新中国成立初期，党和政府高度重视劳动卫生工作，强调严重危害人民健康和子孙后代的生态环境问题，是现代化建设中必须认真研究加以解决的。小三线企业的污染在一定程度上影响到了当地人民健康。位于安徽屯溪县的红光材料厂因为熔铅车间释放大量铅蒸气，致使部分员工铅中毒。八五钢厂在工业生产中排放大量废气，严重影响人民健康。原八五钢厂第一副厂长兼总工程师许汝钟回忆，"老百姓知道半座山的树都被熏黑了。煤气有时候多了，用不掉，朝天放煤气，由于含硫造成树木的死亡。现在回来的人，生癌的比例多了，各种很怪的病都有"。

### （二）硝酸－氢氟酸废酸回收工艺的研制

硝酸－氢氟酸废酸的排放对当地环境污染极大。八五钢厂在借鉴国内其他单位实践经验的基础上，联合太原钢铁厂、冶金工业部建筑研究总院和北京钢铁设计研究总院研制出了整套硝酸－氢氟酸废酸回收的设备，污染治理效果显著，并实现了该技术的跨区域扩散。

**1.硝酸－氢氟酸废酸回收实验室试验的组织**

关于硝酸－氢氟酸废酸的回收，当时国内并无实例，仅国外媒体有部分研究报告。为此，冶金工业部于1972年决定成立由太原钢铁厂负责、冶金工业部建筑研究总院和北京钢铁设计研究总院参加的攻关组进行实验室、半工业和工业性试验。1973年3月，上海市第五钢铁厂加入了攻关组，同年3月至10月，攻关组在冶金工业部建筑研究总院进行了实验室试验。1973年5月至7月，攻关组证明了原二次减压蒸发工艺的可靠性，但同时也存在低酸度废水排出的缺陷。1973年7月至10月，攻关组将原二次减压蒸发工艺改为一次减压蒸发工艺，精简设备的同时提高了废酸回收率，低浓度废酸水不再有排出的情况发生。

通过前期实验，攻关组认为采用一次减压蒸发工艺回收硝酸-氢氟酸废酸在技术上是可行的，但距离投产还有差距，后期仍需结合生产实践进一步验证和改进。为验证一次减压蒸发工艺在生产实践中的效果，1973年10月，攻关组决定在生产中采用这一工艺，并测定其所用石墨设备的抗腐性能。1973年11月，八五钢厂被选为进行减压蒸发连续生产工艺半工业和工业性试验的场地。1974年3月至4月，会战组在八五钢厂进行了现场试验，结果表明减压蒸发连续生产工艺在技术上是合理的，蒸出的酸洗液已可初步使用，但工艺条件和物料平衡及经济指标数据的测定仍需继续试验。故攻关组经研究决定成立化学法试验小组，由八五钢厂担任组长单位，太原钢铁厂、冶金工业部建筑研究总院任副组长单位。

化学法试验小组的主要工作是组织硝酸-氢氟酸废酸回收半工业和工业性试验。其中，半工业性试验的目的是验证连续生产工艺的可行性、考察设备材质的防腐性能和提供工业性试验的设计依据和参数。在时间安排上分成三个阶段。第一阶段是1974年5月，需要完成全部试验并保存相关数据。第二阶段是试生产运转，为了进一步考察工艺及设备材质防腐和运行情况，在完成全部试验后转入正常性的试生产运转，截至1974年6月底。其工作由冶金工业部建筑研究总院负责。参加运转人员共7人，其中八五钢厂4人，太原钢铁厂七轧厂2人，冶金工业部建筑研究总院1人。第三阶段是需要于1974年7月提出半工业性试验小结。另外的工业性试验，试验设计由八五钢厂负责，太原钢铁厂、冶金工业部建筑研究总院配合，其中八五钢厂3~4人、太原钢铁厂七轧厂1人、冶金工业部建筑研究总院2人、北京钢铁设计院1人。设计内容包括工艺、设备、管道、真空系统、土建、水电等全套设备的设计计算书、说明书和加工（或施工）图纸。

**2.硝酸-氢氟酸废酸回收半工业性试验的开展**

在前期实验室试验的基础上，1974年8月，攻关组在北京召开了硝酸-氢氟酸废酸回收方案审查会。会上重点讨论有关综合利用和环境保护的指示，听取了以八五钢厂为组长的化学法半工业性试验的小结，审定了化学法工业性试验设计方案。按照审查会议精神，攻关组各单位抽调人员组成调查小组，重点确定真空系统和过滤设备选型等有关问题，并在1974年11月11日至12月14日进行考察和搜集有关设计资料。在这次考察中，调查小组确定了真空泵应采用水力喷射泵，其具有设备简单可靠、基建投资低、防腐易解决等优点。此外摸清了较为合适的真空抽气量的计算方法，搜集了有关设计资料和计算方法，为进一步搞好设计工作创造了条件。经过这次考察，攻关组对硝酸－氢氟酸废酸回收方案又作了改进。

1974年，攻关小组在八五钢厂进行了半连续蒸发回收试验近20次，时长近600小时，就蒸发回收的工艺条件、设备的防腐性能、放置结晶及过滤试验等进行了探讨和研究，基本完成了半连续蒸发回收的半工业性试验。半工业性试验取得了两方面的成果。一方面证明了化学法真空蒸发工艺回收氢氟酸和硝酸是可行的，即在一定工艺条件下，废酸中95%左右的氢氟酸和硝酸能回收起来，回收后的混酸经调整酸度后再次用于酸洗不锈钢管，效果较好。试验表明化学法在回收氢氟酸和硝酸方面基本上是成功的。另一方面证明了设备材质防腐性能尚好，试验采用的石墨设备经600小时运转试验，防腐性能尚好，系统中采用的材质基本上是适用的。基于试验结果，攻关小组得出结论：一是要加强对蒸发工艺机制的探讨研究，尤其是循环酸体系的蒸发工艺机制的研究，以便提高理论认识，更好把握这个工艺；二是要进一步开展金属盐回收的试验研究工作，使氢氟酸、硝酸的混合废液综合利用更趋全面完善，使整个工艺过程不产生二次公害；三是要研究解决低浓度废酸水的处理，使现有工艺的缺陷得以弥补，达到整个酸洗、回收过程中酸水量的平衡，避免二次公害；四是要研究解决自动化控制问题，使工艺过程能达到全连续生产，为今后扩大生产创造条件。

虽然通过半工业试验证明了采用真空蒸发法工艺回收硝酸－氢氟酸废酸是可行的，但工艺还不够完善，特别是系统中采用45%的硫酸作循环酸后会出现镍、铬等元素不断富集的问题，半工业性试验中尚未摸清其富集的程度及对蒸发工艺是否有影响，也尚未找出其循环使用的周期。至于结晶、过滤，以及后道配套工序等仍有待进一步摸索。

### 3.硝酸－氢氟酸废酸回收工业性试验的方案设计

基于半工业性试验的结果，八五钢厂在其他单位的配合下完成了硝酸－氢氟酸废酸回收车间的设计方案，并于1975年5月向上海市冶金工业局革委会报告，希望其批准关于建筑面积的要求。在工程投资方面，除太原钢铁厂、北京冶金建设院提供支持外，上海市冶金局等有关部门支援了部分设备和材料，保证了工程如期建成投产。

八五钢厂的硝酸－氢氟酸废酸回收车间设计方案获上海市冶金工业局批准后，1975年6月，攻关组在八五钢厂召开了硝酸－氢氟酸废酸回收施工设计方案现场讨论会，参会的有太原钢铁厂七轧厂3人、冶金工业部北京建筑研究院6人，冶金工业部北京钢铁设计院2人和八五钢厂9人，共计20人。参加会议的人员学习了有关搞好环境保护工作的重要文章，听取了八五钢厂党委和冶建院领导的讲话，一致表示："要以实际行动尽快地把硝酸－氢氟酸废酸回收工业性试验搞上去，使这个项目早日在皖南山区开花，造福于民，为祖国冶金工业填补一项空白，为尽快适应我国不锈钢材生产的需要，贡献我们的一份力量。"八五钢厂还汇报了现场的情况和硝酸－氢氟酸废酸回收工业性试验施工设计方案的内容，并根据半工业性试验的进展及出现的新问题提出了进行补充试验的想法。

对于工业性试验，攻关组认为工程建筑面积需约136平方米，投资初步估计23.6万元，工程建成后预计每处理1立方米酸洗废液可以回收120余元。会议一致通过这个方案，并对其中的技术细节进行了调整。第一，八五钢厂需要采用先蒸发浓缩后回收的工艺，太原钢铁厂七轧厂采不采用蒸发浓缩尚无结论，需要模拟太原钢铁厂七轧厂的情况进行从酸洗到回收的试验，为确定太原钢铁厂七轧厂蒸发浓缩与否提供参考依据。第二，设计计算书尚不够完善，希望通过补充试验对计算书进行补充和完善。第三，根据八五钢厂的具体情况，考虑循环残液量较小，采用60小时自然冷却结晶，其结晶器的设计按自然冷却结晶考虑。第四，关于真空泵的设备选型，待水喷泵试验和尾气测定后再确定。如果水喷泵抽气能力较小，且尾气含酸量较高，建议暂时采用机械泵过渡，以确保工业性试验进度。同时，应进一步进行了解，确定其最后的选型。第五，关于过滤设备，应先采用一台三足式卸料离心机，要求衬胶以适应滤料的腐蚀。根据第一台设备的过滤效果，选择第二台设备，可能要选两种类型，以保证工业性试验进行。第六，蒸浓和过滤过程所产生的低酸废水的处理，暂用石灰中和后排放，其处理工艺待工业性试验阶段进行研究。第七，关于金属盐的回收问题，目前只能进行试验室试验，待方案和条件成熟后再考虑扩大工业性试验。

在工业性试验进行后，攻关组结合实际情况，提出要进行相应的补充试验，进而给工业性试验的设计提供详细的数据。补充试验共有8项，其中，石墨塑料列管式冷凝器试验包括在设计能力范围内系统的最大负荷试验，冷凝器总传热系数（换热器在化工生产中是常用的换热设备，热流体通过传热壁面将热量传给冷流体，以满足生产的要求，影响传热量的参数有传热面积、平均温度差和总传热系数，其中总传热系数 $K$ 是评价换热器性能的重要指标之一，它对热量传递具有重要影响，在换热器的设计计算中有着十分重要的意义）的测定及其性能试验，并测定尾气成分。这项试验由冶金工业部北京建筑研究院负责。水喷泵试验是测定蒸发器真空度是680毫米汞柱时水喷泵的抽气量，以及达到系统真空度680毫米汞柱以上所需启动时间，包括这一期间的水温变化等，这项实验由八五钢厂负责。冶金工业部北京建筑研究院负责的残液结晶试验是确定残液结晶的最佳工艺条件，包括酸度、温度（其中温度视现场条件确定），粗测结晶物质带结晶水的总量，确定残液结晶后残液的减少及确定洗涤用硫酸的浓度。全连续试验是在自动化专题解决前，进行手动控制，以实现全连续工艺操作，同样由冶金工业部北京建筑研究院负责。蒸浓试验是检验蒸汽浓缩的工艺条件，测定蒸出的水分带走的酸量损失，测定蒸汽浓缩条件下的设计参数，并测定蒸汽浓缩条件下的尾气成分，这项实验由八五钢厂负责。模拟试验是在试验现场模拟太原钢铁厂七轧厂的情况，为验证太原钢铁厂七轧厂采用一次真空蒸发回收工艺是否可行提供依据，这项试验主要由太原钢铁厂七轧厂负责，太原钢铁厂七轧厂、冶金工业部北京钢铁设计院共同提出试验方案。设备运转试验是设备长期运转后测验各种材质的防腐性能，其鉴定由冶金工业部北京建筑研究院负责，运转由八五钢厂负责。此外，还要讨论在现有工艺条件下镍、铬富集对蒸发工艺影响的试验，由冶金工业部北京建筑研究院负责，目的是找出在工艺条件下镍、铬的最大饱和溶解度，摸索镍、铬富集对蒸发工艺条件和蒸发量的影响，找出硫酸循环使用的周期。

在硝酸－氢氟酸废酸回收工业性试验车间建设上，八五钢厂承担了整个工艺设计任务，包括加热器、自然冷却结晶器、蒸发器、真空泵等设备的设计，以及供酸系统、蒸汽管道、压缩空气管道、室内上下水管道及通风排气等项目的设计工作。土建及供电照明、室外上下水道等基建设备由攻关组委托给了八五钢厂有关部门设计。冶金工业部北京建筑研究院承担工艺流程、布置及计算书的修改工作，并负责冷凝器的设备设计工作。冶金工业部北京钢铁设计院承担三足式卸料离心机的工作和全部贮槽贮缶的设计工作。设备支架、管道支吊架由承担那项设备或管道设计的单位承担。

1977年8月，会战组在八五钢厂组织召开了由八五钢厂、太原钢铁厂和北京钢铁设计院参加的硝酸－氢氟酸废酸回收设备搬迁问题的会议。会议决定，将八五钢厂正在准备进行工业性试验的硝酸－氢氟酸废酸设备全套搬迁到太原钢铁厂边试验边生产。在设备的费用问题方面，准备工业性试验过程中八五钢厂所制作的设备和附件等费用均由太原钢铁厂承付。考虑到八五钢厂军工生产和不锈钢管的需要，考虑原先协议的精神，冶金工业部将落实解决设备费用10万元，由贵池钢厂再搞一套处理设备，并要求北京冶金建筑院和太原钢铁厂帮助八五钢厂解决浸四氟分散液的石墨块和石墨塑料冷凝器的加工制作。

至此，八五钢厂硝酸－氢氟酸废酸回收工艺的研制工作基本结束。这一期间，八五钢厂在借鉴太原钢铁厂的实践经验基础上，联合其余相关企业设计出了硝酸－氢氟酸废酸回收工艺的整套设备。这项技术不仅推广到了太原钢铁厂，还对当地的贵池钢厂发展起到了促进作用。

### （三）管理制度的调整

除去技术层面的本土化调整，八五钢厂在管理制度上的调整对其污染治理工作也产生了积极影响。

#### 1.制定污染治理规划及政策

八五钢厂污染治理工作的开展是以学习和贯彻中央政策开始的。根据国家对治理工业"三废"的要求，八五钢厂制定有相关的规划和政策。1976年，八五钢厂制定了《关于我厂治理"三废"的规划（1977—1981年）》，其中对八五钢厂的污染状况进行了分析，并针对废水、废气和废渣分别制订了应对计划。对于不积极开展综合利用、不积极进行治理的单位，不能参评工业学大庆先进单位。同时规定凡没有包括"三废"治理措施或没有经过环境保护部门和主管部门同意的项目，计划部门不纳入计划，设计部门不承担设计，城建部门不予拨地，建设银行不予拨款，施工部门不予施工。1985年，八五钢厂印发了《关于二、四、八车间工业污水外排管理制度和奖惩条例的通知》，规定废酸需要中和至pH达6~9才可排放，且排放口需在防洪沟的出水口，避免直接排放至河水中。对于未经环保科同意而任意超标排放的，即扣除责任主任当月职务奖的一半。对于因科内技术员处理业务失误，影响车间生产并造成车间损失1000元以上者，经查证扣除当月职务奖，环保科长如有包庇行为扣除当月职务奖的一半。

#### 2.自上而下设立环保部门

上海小三线业务管理部门积极响应国家环境保护的号召，在各自单位科技处或基建处内配备专职人员，组织本系统企业的污染治理工作。其中，八五钢厂的业务主管部门——上海市冶金局于1980年设立了安全环保处，化工、纺织、建材、轻工、手工（二轻）、机电、医药、仪表等相关单位在基建、科技处内设环保科，下属小三线厂增设了由厂长或分管副厂长分管的技安环保科，主要负责制定和实施工厂生产和技术安全法规和措施，对工业卫生、环境污染源的监测、治理"三废"污染作出具体规定。其中，八五钢厂规定厂部环保工作由分管副厂长领导，具体业务工作由环保科负责，下设各车间、部门负责开展具体工作。环保科在业务上具体指导厂属各单位的环保工作。根据国家规定的标准实行检查监督和指导治理职责，科里下设监测站，负责对全厂排放的"三废"进行质量监测工作，加强对排污车间的检查。此外，对车间有节约价值的项目，按技术改进给予奖励。八五钢厂还要求环保技术科科长需有一定的学识水平和业务能力，能在主管厂长领导下，组织实施全厂劳动保护、环境保护工作，完成上级布置下达的任务，做到有布置、有检查、有总结；能组织领导本科和下属安全环保人员完成各项经济专业指标及上级交办的任务。

### 3.开展综合利用工作

新中国成立初期，中共中央提出了综合利用"三废"的设想。1960年3月6日，《人民日报》发表社论《综合利用是技术革命的一个重要方面》，提出大力开展综合利用，就可以利用现有的资源，生产出更多、更好、更便宜的生产资料和生活资料，创造更多的财富，支援继续跃进，加速社会主义建设。1978年，中共中央在全国科学大会上再次强调，必须重视综合利用，它既充分利用资源，又减轻环境污染。

综合利用的产品是指除设计规定的产品外，企业利用废水、废气、废渣等废弃物作为主要原料生产和回收利用的产品。例如，工矿企业利用采矿废石、选矿尾矿、碎屑、粉末、粉尘、污泥和各种废渣生产的产品。收益方面，企业用自筹资金治理"三废"的综合利用产品利润，全部自给企业；企业和主管部门共同投资或者主管部门投资治理"三废"的产品利润，主要留给企业，主管部门提留比例不得超过30%。工矿企业及其主管部门留用的治理"三废"的产品利润，应继续用于治理"三废"，不得挪作他用，用不完的，可结转使用。增产节约方面，八五钢厂一年的耗能费用达1000万元，占全厂总成本的1/5，但其中煤油电等浪费的漏洞多、数量大，给生产造成了威胁。为节约成本，厂机动部锅炉工人逐渐掌握了合理的出渣温度和时间，降低了煤耗，节约了大量能源。对于硫酸消耗过大的问题，采取了三项措施：检查设备，查漏补缺；用不锈钢管代替部分橡皮管，并将连接橡皮管部分直接装到硫酸缸上面进而避免漏失；严格操作工艺和放缸制度。

### 4.缴纳行政罚款和经济赔偿

1982年2月，国务院出台了《征收排污费暂行办法》，排污收费制度正式建立。征收排污费是政府制定的一项惩治企业超过国家排放标准的惩罚措施，旨在引导企业积极地开展环境保护工作，尽可能减少对当地造成的损失。八五钢厂自1982年开始缴纳的排污费逐年递增，其中1983—1985年，分别缴纳排污费5.28万元、9.56万元和12.25万元。八五钢厂从1974—1988年，仅02、01两个车间因排放的煤尘及烟尘就污染了梅街村1320亩的山林，其中重污染区120亩，中等污染区340亩，轻污染区860亩，每亩一次性计费标准按250元、125元、80元计算，八五钢厂就向梅街村一次性补偿了山林损失14.13万元。

## （四）污染治理的成效

### 1.污染得以控制

通过一系列技术调整，八五钢厂的环境污染问题得到了一定程度的解决。过去八五钢厂含酚污水是炉煤气生产中冷却和洗涤煤气时产生的，洗涤水采用闭路循环系统，活水一般不直接外排，当从污水沉淀池中用抓斗抓取焦油、煤泥时夹带少量污水，其中部分渗透排入排洪沟，进入白洋河，造成对白洋河水质的污染，也污染了厂内职工饮用的深井水。自1976年11月15日污水脱酚设施投产以后，从12月4日至29日又进行了3次河水、井水中酚浓度的测定，其结果达到了水质卫生标准。

### 2.企业效益得以提升

通过技术改造，八五钢厂降低了生产成本，提高了综合利用效率。例如，八五钢厂于1980年成功从污水中提取粗酚。经处理后的污水不仅完全达到国家规定的标准，而且每天可提取酚钠1.2万吨，每月为国家创造上万元的产值。原八五钢厂第一副厂长兼总工程师许汝钟回忆："煤气车间也造成了水污染问题，那是很严重的……我们动了一番脑筋处理污染，做到了提粗酚，取得了初步的成果，尽量在煤气车间提取。粗酚还能卖钱。"此外，扩散渗析法回收硫酸工艺的使用，让八五钢厂全年可回收废酸300吨。每吨硫酸加运费为180元，扣除生产成本后仅对废酸的回收即可盈利约30000元。

## 四 技术转移后的实效

八五钢厂在调整交接后，一方面将大部分固定资产留在贵池，并被贵池钢厂消化后让贵池当地钢铁产业得以发展为当时安徽的第三大企业，另一方面将部分设备和技术人员迁回上海，与上海市第五钢铁厂联营。本章将重点讨论八五钢厂技术转移后对贵池县的影响，包括与贵池县交接的过程及贵池的后续利用。

### （一）八五钢厂与贵池县的交接

根据《上海小三线调整交接协定》和《关于贯彻上海在皖南小三线调整和交接协议的实施意见》，八五钢厂将大量资产移交给安徽省贵池县，贵池钢厂负责接收并于1988年1月1日全面接手生产经营工作。为此八五钢厂和贵池县成立了交接领导小组，其中八五钢厂交接领导小组由时任厂党委书记陈锁锁担任，贵池钢厂的交接领导小组由贵池县人民政府和马鞍山钢铁公司共同组成，组长由时任贵池县县长顾国籍担任。交接内容主要是资金和设备的处置。固定资产方面是以八五钢厂1985年1月28日的统计数据为准。专用基金原则上由八五钢厂带回，其中专项工程支出交由贵池钢厂负责。低值易耗品考虑由八五钢厂清理造册后支援给贵池钢厂。交接时间上，双方计划在1987年7月底前交换实施方案，10—11月，双方清点完毕固定资产和档案后登记造册，11月贵池钢厂完成生产准备工作，八五钢厂配合做好衔接，12月完成生产指挥权的移交。

**1.技术人员的交接**

（1）贵池县和八五钢厂的磋商

1986年11月8日，时任贵池县委书记姜宗良、县长顾国籁带队前往八五钢厂磋商交接事宜，提出"今年11月底以前安排1000人进入八五钢厂并请八五钢厂支付进厂人员经费"的想法。11月13日，贵池县小三线交接领导小组副组长、县委组织部部长俞贤俊带队再次到八五钢厂就人员进厂问题进行磋商并达成统一认识，即自1987年春节起到八五钢厂经营权交接前，贵池方面分期分批安排技术工人500~600人及青工800人进厂学习。贵池方面进厂人员经费由八五钢厂垫付。但双方在进厂人数和时间上存有分歧，贵池方面坚持要在1986年以前要将150~200名厂、车间级领导班子和行政管理人员送进厂，特别是约有40人的复员、转业干部一定要在年底进厂。八五钢厂则认为这些人员可在厂经营权交接前陆续进厂，其中首批熟悉业务的59人可在1987年初开始进厂。双方初次磋商由于各自立场不同未能达成共识。

（2）八五钢厂和马鞍山钢铁公司的磋商

由于八五钢厂交接后由马鞍山钢铁公司代为经营，1986年11月17日至18日，八五钢厂汪铁钢、徐平等4人前往马鞍山钢铁公司就八五钢厂交接问题对马鞍山钢铁公司进行了回访。马鞍山钢铁公司胡绪武、冯仁山及生产处处长吴邦才等参加了回访交流。在移交后的生产规模上，马鞍山钢铁公司初步考虑的是，交接后维持八五钢厂原有生产规模，即钢年产3万吨，钢材年产2.4万吨。讨论到安徽方面派技术人员进八五钢厂学习的问题上，双方一致认为先进领导工作班子有利于对企业的交接。其中，马鞍山钢铁公司胡绪武还提道，"马钢认为近期进去的人应是能实干的人，即对生产经营熟悉的人，企业是要生产的，不是解决劳动力的场所。我们马钢已经有个决定：凡是带家属进厂的，我们要求其家属在我们经营生产三个月后才准进厂"。

关于进领导班子的日期和人数的问题，双方一致认为1987年1月初进厂学习最为合适，人数控制在60名左右较为方便八五钢厂进行交接安排。马鞍山钢铁公司同时提出由于拟定的领导班子成员对八五钢厂的现状知之甚少，建议在1986年底前分两到三批先去八五钢厂了解一下情况。关于进人后的费用开支问题，由于三方谁也负担不起这笔费用（三方指八五钢厂、贵池县、马钢），故双方要求安徽省从1987年1月1日起给八五钢厂减免增值税50%的办法，以解决进厂人员费用开支。另外，马鞍山钢铁公司接管后，安排进贵池钢厂的总人数为1800人。其中，指派工600人（技术工人和干部），工人600人（承包期满后留贵钢工作），工人的家属或子女600人（农转非对象，今后留贵钢工作）。马鞍山钢铁公司为贵池县生产承包3年，期满后将留1200人在贵池钢厂工作，继续支援贵池钢厂生产。

（3）八五钢厂和贵池县的二次磋商

1986年11月19日，贵池县政府副县长张泽海、钱让友，县委常委、组织部部长俞贤俊带队与八五钢厂副厂长徐平、赵启华等在贵池县政府会议室就贵池派管理人员和工人进厂学习的问题进行会谈。双方根据"安徽方面可以先派一批管理人员和工人进厂，熟悉情况和技术培训"的精神，约定八五钢厂生产经营权的交接时间最迟不超过1987年7月1日。为保证钢厂生产的持续稳定，贵池方面从1987年1月1日开始分期分批派员进八五钢厂学习。同时，为便于大批人员进厂，少量领导干部及行政管理人员可于1986年12月先期进厂。其中，贵池方面送厂人员将控制在2000人左右。其中干部300人，1月初可先进厂、车间二级工作班子约100人。青工培训1000人，技术工人培训600人。为确保青工进厂后有一定的培训期，在1987年4月左右大部分青工都能进厂（见表4-6）。大量技术人员提前进入八五钢厂学习生产技术和管理经验，无疑为贵池钢厂后续发展提供了重要的人才储备。

表4-6　1987年八五钢厂、贵池钢厂人员衔接情况

单位：人

| | 原有或计划人数 | 4月底 | 5—8月 | 9—12月 | 年末在厂人数 |
|---|---|---|---|---|---|
| 八五钢厂（出） | 5200 | 2500 | 500 | 900 | 1300 |
| 贵池钢厂（进） | 3000 | 430 | 600 | 1920 | 3000 |

对于贵池方面进入八五钢厂人员的费用开支，双方要求安徽省从1987

年1月起至八五钢厂生产经营权交接之日，减征八五钢厂50%的增值税。贵池县补充提出，在实现减征增值税后，八五钢厂一时撤不走的人员经费由上海负担。在安徽省对八五钢厂减征增值税问题批准前，贵池方面的人员经费开支由八五钢厂垫付。贵池方面进厂人员的工资、福利待遇等，按贵池县与马鞍山钢铁公司承包协议有关规定的标准执行。

在贵池钢厂技术人员进厂学习期间，八五钢厂向贵池钢厂技术人员介绍了计划系统的管理制度，季度、年度以及长远计划的编制，统计报表的种类和内容，经济责任制度和考核办法，并支援有关工具书和参阅资料。八五钢厂还给贵池钢厂提供了有关生产技术资料，包括各生产车间生产技术规程、工艺流程及其他有关生产技术资料、相应的国家标准、部门标准和企业标准、现行技术管理制度及现有技术资料和技术图书、新产品试制计划及试验报告。

**2.其他工作的交接**

（1）生产计划的交接

八五钢厂的生产计划安排到1987年12月底，保证完成和超额完成钢产量3万吨，钢材计划5.2万吨和达到全年不亏损的目标，力争取得较好效益，至1988年1月1日由贵池钢厂开始组织生产经营。贵池钢厂应根据上海划转的指令性计划，编制1988年的生产计划大纲，把生产规模、生产方向及产品结构确定下来，以便双方考虑生产过程中的衔接工作。

（2）供销的交接

销售业务渠道方面，由八五钢厂带领贵池钢厂有关人员共同走访用户，召开用户座谈会，使贵池钢厂了解和熟悉用户，协助贵池钢厂巩固老用户，发展新用户。物资供应方面，为使贵池钢厂1988年生产顺利进行，八五钢厂将向贵池钢厂提供一定数量的生产所需的主要原辅材料（含煤、油燃料等）及生产备件和大型工具等。

（3）设备的交接

八五钢厂将提供设备大修情况（包括大修计划、检修记录及大修总结），并协助贵池钢厂制订1988年设备大修计划；在移交时八五钢厂将完成当年度上级已批准的各项大修计划，保证1988年1月1日贵池钢厂负责生产经营时设备能投入正常运行；为使贵池钢厂能安全生产，八五钢厂将提供工民建筑、机械和电气设备、工业炉窑及水、电、风、气设备和地下管网等；八五钢厂还将尽可能提供1988年设备大修所需的备件。在以上工作全部完成后，双方将各派专业技术人员，共同核对固定资产的图纸，其中包括工民建筑、冶金炉窑、机械和电气设备及水、电、风、气设备和地下管网等，使图纸与实际情况相符。

（4）资金的交接

为保证贵池钢厂1988年能顺利生产，其所需定额流动资金可向贵池工商银行申请贷款。交接后八五钢厂的一切债权、债务仍由其负责处理。

经过多次磋商，1987年8月20日双方交接领导小组联席会议在八五钢厂召开。会上双方讨论并通过了《上海八五钢厂交接实施方案》，双方交接领导小组组长在《上海八五钢厂交接实施方案》上签字。同时，双方一致同意制定各自《上海八五钢厂交接实施方案》的执行办法，并要求各自交接组根据此方案拟定实施计划，抓紧落实，处理好交接中的具体事宜。

综观整个八五钢厂与贵池钢厂的交接，除去常规性的资产交接外，最重要的就是技术人员的衔接。据时任贵池县县长顾国籍回忆，"移交过程中有一些问题，我认为有几方面的原因，一方面当地的技术力量不行，当地消化不了，接受不了"。这一考虑也为交接后的生产经营活动奠定了基础。

## （二）贵池县对八五钢厂技术的利用

### 1. 贵池县对八五钢厂的后续利用

八五钢厂是上海小三线企业中规模最大的，其调整交接深受两地领导的重视。安徽省政府就曾多次召开专题会议讨论八五钢厂的交接和经营承包问题，省经委、省冶金厅、省三线办等有关部门把八五钢厂作为全省小三线交接工作重点来抓，有关领导经常深入贵池县具体检查指导，帮助解决问题。时任安徽省委副书记卢荣景、时任副省长龙念就曾先后到八五钢厂了解情况，研究问题，就如何搞好交接工作对省直有关部门和地、县提出了具体要求。据龙念回忆，"1987年春节下着大雪，我还拽着黄岳忠、张平去八五钢厂，一是慰问职工，二是看马钢接收改造的情况"①。马鞍山钢铁公司为扶持地方钢铁工业的发展，受省委、省政府的委托和应贵池县的要求，多次派出工程技术人员进行调查研究，帮助贵池县搞好交接工作，共同商讨经营承包方案。马鞍山钢铁设计院多次派人前往贵池县进行考察；马鞍山钢铁公司经理傅锡寿还亲自赴八五钢厂进行考察，研究承包搞活问题。

1986年10月，安徽省政府在1986年第34次省长办公会议上同意了贵池钢厂由马鞍山钢铁公司承包经营的方案，规定期限为3年，安徽省政府给予了一定的优惠政策，主要包括三点：一是在承包期内减半征收增值税，税后利润企业全留，用于企业改造和发展生产；二是纳入本省冶金行业管理，属指令性计划供应部分，按规定专项下达；三是同意解决700户进山职工家属农转非户口指标，同时，保证奖金的发放、工资的浮动、进山生活补贴费等。

自1988年1月1日起，八五钢厂正式由安徽省贵池县接收，更名为贵池钢厂，由马鞍山钢铁公司承包经营，1991年马鞍山钢铁公司承包期满交贵池县自主经营。即使经多方努力，引进人才，寻求合作，争取政策扶持，但终因三线厂进山太深，生产车间分布在不同方向的几个大山村里，水电煤气和原材料的运输成本太高，加上计划经济转为市场经济之后，原材料价格上涨，流动资金紧缺等原因，造成连年亏损，于1999年依法破产。但钢厂留下的有形和无形资产对贵池县的经济发展仍有一定推动作用。如，皖宝矿业股份公司改制时，整合了钢厂下属"五〇七"专用码头的资产，吸纳了钢厂150多名职工。池州港务局重组了码头并成立贵池港埠公司，2011年码头装卸量达104万吨，实现营业总额601.7万元，利润68.6万

---

① 中共安徽省委党史研究室编《上海小三线建设在安徽口述实录》，中共党史出版社2018年版，第26页。

元。皖宝公司成为贵池的骨干企业，自2004年以来，年销售矿石百万吨以上，销售总额达5000万元以上，利税总额1000万元以上。2011年皖宝公司资产总额达17757万元，销售量236万吨，销售收入14780万元，缴纳税费3076万元，实现利润528万元。贵池县还利用八五钢厂留下的电力设备办起了贵航金属制品厂。根据国家淘汰钢铁落后产能、上大压小、节能减排等产业政策，池州市和贵池县将原八五钢厂和境内的10多个小钢铁企业整合在一起淘汰，集中支持贵航技改上大项目，并将年产300万吨的特种钢项目列入省规划和市重点工程。

可以说，八五钢厂留下的技术对贵池当地的影响是巨大的。据上海市原副市长陈锦华回忆，"黄山钢厂的前身是上海小三线期间的八五钢厂，而八五钢厂就是上海的上钢五厂包建的，上钢五厂是我们国家特殊钢的基地。上钢五厂到黄山建厂，带去了技术，带去了人才，带去了管理经验。在半个世纪后，它的钢还成为中国最发达的、在全球占据重要地位的阳江刀剪的材料。为什么杭州的江小泉没落了？原因之一是没有好的材料，没有好的钢。从这件事就可以看出来，当年小三线的后发优势还是很突出的"[①]。

**2.对贵池当地工业发展的影响**

贵池县是典型的以农业为经济支柱的，在20世纪80年代初期，贵池县人口共计65万人（不包括城区人口），其中农业人口50万人。20世纪50年代初期贵池县几乎没有工业。为了响应对国民经济"调整、巩固、充实、提高"的方针，20世纪60年代开始贵池县调整产业结构，在工业企业内部开始进行整顿，使得该县工业缓慢复苏。其间，引用华东电网电力，工矿企业机械设备增多，食品、纺织、服装、鞋帽业发展较快。1967年起，上海市开始在贵池县建设后方小三线工厂，由此贵池县的工业与经济开始逐步发展起来。1986年，经国务院批准后7个在贵池境内的上海市后方小三线工厂陆续交给贵池县接管，此后贵池县不仅从上海市获得了大量经济、技术和市场信息，还通过个别对口活动，建立和巩固一些新的物资、技术

---

① 中共上海市委党史研究室、上海市现代上海研究中心编《口述上海：小三线建设》，上海教育出版社2013年版，第6页。

的协作关系,同上海市有关单位签订了12个意向性经济技术合作协议,接受了一部分扩散产品加工业务。自此以后,上海小三线年产10万吨钢和钢材的钢厂,50000千瓦机组的发电厂和拥有2000多台精密仪器的胜利、前进、五洲、火炬、永红机械厂等企事业单位就地移交该县后,为贵池县的工业发展增添强劲动力。1986年全县工业产值达到17816万元(含乡镇工业产值),首次超过农业产值。1988年全县工业产值为25582万元,是1949年的36.6倍。1978—1988年全县工业产值年均增长率为20.31%。时任上海小三线调整领导小组副组长兼办公室主任李晓航回忆,"客观来讲,小三线确实帮安徽建设了水路电等基础设施,对皖南工业发展起到一定推动作用,培养了一批工业骨干和人才"。

## 五 本章小结

八五钢厂位于安徽省贵池县,是由上海市冶金局和上海第五钢铁厂包建的主要生产五七高炮身管毛坯的上海小三线军工配套企业,一方面通过联合技术创新实现了金属化球团的技术升级,另一方面结合当地生产环境,在其他单位的协助下创新了硝酸-氢氟酸废酸回收技术,并将设计好的回收设备转移至太原钢铁厂,一定程度上实现了技术扩散。总体来看,以八五钢厂为代表的本土化技术创新模式有以下三个特点。

第一,技术创新是基于当地环境而进行的。以八五钢厂硝酸-氢氟酸废酸回收技术的创新为例,由于八五钢厂的技术特性和贵池县的环境特点,八五钢厂的污染问题较为突出,对当地的自然环境、作物生产和人员健康产生了较为恶劣的影响。八五钢厂结合其他单位生产实践,实现了硝酸-氢氟酸废酸回收技术的创新。此外,八五钢厂还将配备的全套回收设备转移至太原钢铁厂,为其发展贡献了技术力量。

第二,技术人员培训较为有效。在调整交接方面,八五钢厂的处理方式是将大多数设备留在当地,交由贵池钢厂使用。但仅靠设备很难提升当地技术水平，因此八五钢厂在正式交接前与贵池钢厂协商，由贵池钢厂组织技术人员提前进入八五钢厂生产车间和管理部门学习生产技术和管理经验。正是由于这一举措，让贵池钢厂顺利接收和利用了八五钢厂遗留的设备，成为当时安徽第三大的钢铁生产企业。

第三，技术创新是与其他单位联合进行的。金属化球团工艺是钢铁生产中的重要技术，是提高生产效率行之有效的工艺之一。八五钢厂从金属化球团技术创新的方案设计到试验准备，再到最后的工艺定型均是与上海冶金设计院合作完成。

# 小三线技术转移
## 模式差异化的原因分析

小三线建设是20世纪60年代中共中央作出的战略决定,是一线地区将技术向其后方区域转移的活动。那么在同一政策背景下,上海小三线技术转移为何会有单一技术改进、联合技术创新和本土化技术创新三种模式?本章将基于技术转移理论,从技术转出方、技术接收方、技术特性和外部环境四个要素对比分析小三线技术转移模式差异化的原因。

## 一 技术转出方对技术转移模式的影响

技术转出方对技术转移模式的影响主要体现在技术支持力度的不同,不同的技术来源会导致企业技术改进和创新的能力不同。

首先,八五钢厂可以实现本土化技术创新的原因之一是其技术来源的强大。八五钢厂作为上海小三线规模最大的企业,其技术源自上海市冶金局和上海第五钢铁厂。彼时的上海作为全国经济中心,钢铁生产能力居全国前列。此外,上海第五钢铁厂在军工领域也有所建树,如1963年7月,上海第五钢铁厂就新建了无缝钢管车间,配备了1台直径76毫米二辊热穿孔机、1台20吨双链冷拔机和3台不同型号的冷轧管机,为生产军工尖端产品打下了基础。强大的技术来源使八五钢厂在技术创新方面拥有更多的发展空间,能够更加自主围绕已有技术进行改进,并进行相应的本土化技术创新。相比之下,协同机械厂和协作机械厂的技术来源基础相对薄弱。这两家企业主要的技术均来自非专业、非龙头企业。同时支援两厂的企业还担任了支援西部地区的任务，部分关键技术设备供不应求。受制于技术来源的基本情况，协同机械厂和协作机械厂只能进行一定程度的技术改进和创新。总的来说，技术转出方的差异在很大程度上决定了企业的技术创新能力，技术来源基础较好可以使企业更加积极地开展技术创新。

其次，上海小三线技术转移参差不齐的原因可能是上海小三线企业的技术转出方均为上海市，此时的上海较安徽优越性强，这也导致了人才流动基本上是"有出无进"。一线人员得不到正常补充，而且一线与二、三线人员之间矛盾日益尖锐，知识分子老化情况更严重，人才缺失在一定程度上给小三线企业的生存与发展带来隐患。即使后方强烈要求前方上海分配一些优秀大学生，但由于后方条件的艰苦、待遇偏低等因素，实际效果也并不理想。1977—1980年，分配到后方小三线的工农兵大学生为222人，而在1981年和1982年两年间分配给小三线的58名大学生，实际报到仅5名。后方不仅报到人员减少，而且部分干部职工也要求调离后方。知识分子没有进行交流的机会，也不能持续进行技能更新，因此对其反应也颇为强烈，140多位工程技术人员中有74人要求调离该厂。职工要求调离后方的人数逐年增多，据数据统计，1983年，整个后方调离的各类技术人员有281人，大多是"文化大革命"前的大学或大专毕业生，几乎都是工厂中的技术骨干，有些还是"尖子"骨干。技术人员的不足也导致上海小三线企业的技术力量参差不齐，因此造成上海小三线技术转移模式存在差异。

## 二　技术接收方对技术转移模式的影响

技术接收方对技术转移模式的影响主要体现在相关技术基础的不同。虽然上海小三线企业均是从上海转出，但接收方各有不同，这也造成了不同的技术转移模式。

首先，从以协同机械厂为代表的单一技术引进模式和以协作机械厂为代表的联合技术创新模式来看，两厂作为生产同一类型产品的两家企业，由于分布在不同地区，技术转移模式呈现不同特点。20世纪60年代，安徽省宁国县以农业为主，工业化程度低，技术联系能力弱。相比之下，浙江省临安县毗邻杭州市，工业化程度高，交通便利，技术联系能力强。如1964年，杭州市制氧机厂不仅担负了浙江军工产品的试制工作，还承担了援建、包建四川省自贡市机械厂、四川空气分离设备厂和四川深冷设备研究所等任务。为此，该厂共组织抽调了800余名厂里的骨干支援相关建设项目，将126台设备、1129种工艺装备和相关产品的配套设备一并支援自贡市机械厂，又将40台关键设备及制氧机的制造技术无偿赠予了四川空气分离设备厂等。而宁国县由于当地技术基础较差，对外联系较少，协同机械厂对新40火箭筒的技术改进全程都是由其厂内技术人员完成，其间虽与其他生产企业进行了交流，但主体工作仍由其独立完成。反观协作机械厂，在对新40火箭弹尾杆进行技术创新时不仅得到了上海机械制造工艺研究所的支持，在后续生产中还联系了广东汕头超声波仪器厂，引进了最新的超声波检验设备，提升了原探伤工艺，提高了产品生产效率。此外，从最后的调整交接中也可看出两地的差异。20世纪80年代的安徽仍然是农业大省，工业经济较为落后。建于大别山地区的安徽小三线建设的调整对于安徽来说本就是难题，再加上上海小三线的改造利用，光靠安徽经济力量很难"救活"这些企业，故在双方磋商后最终确定了以交接为主的调整方式。调整交接后的上海小三线设备与资金对安徽发展的促进显而易见，如徽州地区有沪属小三线企事业单位48个，固定资产原值3.2亿元，净值2亿元以上，原值相当于徽州地区工业企业固定资产的总和。但相较而言，浙江省小三线不仅完成了本省小三线的战略目标，还较好地贯彻执行了中央提出的"停、缩、搬、分、帮"的方针，对上海小三线企业的技术依赖性并不强。

其次，将以八五钢厂为代表的本土化技术创新模式和另两种技术转移模式相比较。1949年4月马鞍山地区解放后，南京市军事管制委员会接管了原国民政府资源委员会华中矿务局马鞍山分矿。1950年1月，马鞍山矿务局成立，由南京市管理。同年6月，改属华东军政委员会工业部领导。

1952年11月，移交给安徽省委工业部领导。1953年2月，马鞍山矿务局改名为马鞍山铁矿厂。同年10月改称马鞍山铁厂，隶属重工业部钢铁工业管理局华东钢铁公司。1958年8月，正式成立马鞍山钢铁公司，隶属安徽省冶金厅。1962年4月，马鞍山钢铁公司由安徽省冶金厅划出，直属冶金工业部领导。可见随着马鞍山钢铁公司的建立和发展，对安徽钢铁产业的辐射带动能力较强，让安徽成为当时中国重要的钢铁生产基地之一，这也让八五钢厂调整交接后技术更易得到传承和利用。但反观协同机械厂和其生产所用的核心装备——机床，安徽起步较晚、基础较差。安徽机床工具的生产始于1952年，当年只能生产牛头刨床与立式钻床。1963年，省机床工具行业确定重点发展镜铣床、树脂砂轮等产品，开始刃具和机床附件的生产。1970年后进一步扩大行业规模，开拓了量具、铸造机械、机床电器和木工机械等新的生产领域，基本上能成套装备小型机械工厂，但产品水平低，大多是仿制苏联20世纪四五十年代的产品。

## 三　技术特性对技术转移模式的影响

技术特性对技术转移模式的影响主要体现在对转移技术的利用上。协同机械厂和协作机械厂由于军工产品生产的特性，其保密性较强、技术流动性较差。八五钢厂由于军品生产压力不大，生产的产品也主要是身管所用钢材，保密性不及协同机械厂和协作机械厂，且钢材生产技术贴近民用，技术流动性较强。

首先，从技术人员的培养来看，协同机械厂和协作机械厂作为主要军工产品的生产企业，其保密性较强，即使后期部分军品项目停产，但其保密程度未曾降低，这也致使其在对技术人员进行培养时门槛较高。20世纪80年代两厂都开展了技术人员培训，但更多是以方便职工回沪后尽快融入当地环境而进行的"补学历"行为，且这一培训对皖南当地人员的吸纳极其有限，这也导致当地技术工人未能通过两厂的技术转移掌握到上海先进的技术知识。但八五钢厂相较于协同机械厂和协作机械厂就略有不同。贵池县在调整交接时期就安排了贵池钢厂的技术人员提前进入八五钢厂熟悉生产设备、了解技术流程和掌握管理经验，在一定程度上促进了贵池当地对八五钢厂技术的消化吸收，再加上马鞍山钢铁公司的代运营模式，使其可以快速高效地投入生产，并一举成为当时安徽第三大钢铁企业。

其次，从技术本土化来看，八五钢厂主要生产钢铁制品，由于其技术特性对环境的污染较为严重，其中仅第八生产车间排放的含酚废水就超国标750~1200倍，蒸汽管道冷却废水甚至超国标16250倍。八五钢厂下游的白洋河，是钢厂附近唯一的水源。随着八五钢厂生产活动的进行，工业废水常年直接排入白洋河，当生产过程中发生故障时，含酚废水从污水中溢出并直接流入白洋河内，使河水呈含酚的红色，并顺势漫延至居民日常用水的水源中，对当地污染极大。八五钢厂随即开始重视污水排放，并在太原钢铁厂、冶金工业部建筑研究总院、北京钢铁设计研究总院的协助下开展硝酸－氢氟酸废酸回收的本土化技术创新，再结合制度上的改进，使环境污染得到一定程度的控制。但协同机械厂和协作机械厂在这方面就没有过多顾虑。

最后，从调整交接的结果来看，协同机械厂和八五钢厂经过调整交接后，主体部分都留在了安徽境内。其中，八五钢厂作为小三线配套产业，生产技术更接近民品，与当地技术能更好地对接，与当地企业融合程度更高。安徽当地对八五钢厂资产的利用也十分有效，其中池州市和贵池县根据国家淘汰钢铁落后产能、上大压小、节能减排等产业政策，将原八五钢厂和境内的10多个小钢铁企业的落后产能整合在一起淘汰，集中支持贵航技改上大项目，经上报批准，将年产300万吨特种钢项目列入省规划和市重点工程。但相比之下，同样由安徽接收的协同机械厂境遇就完全不同。由于协同机械厂主要生产新40火箭筒，其调整交接后军事生产技术无法一并移交给安徽当地，所以其技术转移效应相对较弱，更多的是生产设备、资金的移交，对当地工业技术的影响不够深入。

## 四  外部环境对技术转移模式的影响

外部环境对技术转移模式的影响主要体现在产品需求上。协同机械厂和协作机械厂只停留在技术改进和创新模式，八五钢厂却表现出技术本土化模式的重要原因可能是协同机械厂和协作机械厂所承担的生产压力相较于八五钢厂更大，生产的紧迫性较高，而技术创新和本土化恰恰是需要长时间投入才能完成。

与八五钢厂负责生产的五七高炮身管毛坯相比，新40火箭筒、新40火箭弹的需求量更大。1967年末，全国建成投产的兵工厂有57个，包括了半自动步枪厂14个、冲锋枪厂2个、轻重机枪厂1个、高射机枪厂1个、迫击炮弹厂2个、枪弹厂17个、榴弹地雷厂12个、梯恩梯厂1个、硝铵炸药厂5个和火工品厂2个。1969年3月，苏联军队入侵中国领土珍宝岛，国务院、中央军委随即发出了加强战备的指示。3月25日五机部在北京召开了紧急战备生产会议，安排战备生产任务，要求各有关厂努力生产以反坦克武器为主的"三打"（打坦克、打飞机、打军舰）武器，新40火箭筒、新40火箭弹的生产是其中一项重点工作。再加上老40火箭筒在珍宝岛战场上的实际效果不佳，促使试制新40火箭筒、火箭弹的任务更为紧迫。

1968年10月，协同、协作两厂技术人员和职工开始试制56式40毫米火箭筒和火箭弹（称为老40火箭筒、老40火箭弹）的工作。"珍宝岛事件"后，根据战场形势需要，两厂于1969年4月接受了试制生产新40火箭筒、新40火箭弹的任务。经过通力协作努力奋战，1969年7月两厂生产出样品，同年11月经上级批准召开产品鉴定会，通过鉴定符合图纸设计要求。1969年底试产新40火箭弹868发，经靶场验收合格。1970年起两厂根据兵器工业部下达的计划，正式批量生产新40火箭筒、火箭弹，完成了部队急需的任务。可以看出，协同机械厂和协作机械厂的生产节奏极快，在1年多的时间内就完成了试制到投产的过程，这与外部环境的紧迫性密不可分，这也要求两厂必须以尽量高效的生产来达到外界要求。反观八五钢厂的情况则与协同机械厂和协作机械厂完全不同。五七高炮的生产线于1969年5月定点，1970年开始施工，1971年转入批量生产。但由于五七高炮布点过多，生产流水线不完整、工艺装备不齐全、测试手段不齐全、技术力量不健全，质量也不稳定，未经部队正式转产鉴定，未被列入部队装备，故1980年被迫停产。在此情况下，也让八五钢厂获得更多空间进行钢材生产领域的技术创新。

# 结 语

三线建设始于20世纪60年代，是中共中央为解决新中国成立以来所面临的国际国内诸多问题所提出的重大决策，有大三线和小三线之分。本书所研究的上海小三线建设是全国各省、区、市小三线建设中门类最全、人员最多、规模最大的，是上海根据国家三线建设战略部署，于1965—1988年在安徽南部和浙江西部建设的以生产新40火箭筒、新40火箭弹和五七高炮、五七榴弹等常规兵器为主的后方工业基地，是新中国成立后一次大范围、跨区域的技术转移活动。

整个上海小三线建设在经历1965—1971年的基本建设时期、1972—1978年的产品生产时期、1979—1984年的军民融合时期、1985—1988年的调整交接时期后，在安徽南部和浙江西部建成了81个单位，其中工厂54个，配套企事业单位27个，其间共投资7.52亿元，转移职工54437人（其中，全民所有制职工52610人，各种专业技术人员3109人，集体所有制职工1513人，职工家属17000余人），先后建成了包括五七高炮、五七高炮弹和新40火箭筒、新40火箭弹在内的12条军品生产线，至1990年底累计创造工业产值63.4亿元，其间共上缴国家税利9.36亿元，占回收投资额的124.5%。虽然政策背景相同，但不同的小三线企业呈现不同的技术转移模式。以上总结出上海小三线技术转移模式主要可分为三类，即单一技术改进模式、联合技术创新模式和本土化技术创新模式。其中，以协同机械厂为代表的单一技术引进模式，其特点是仅停留在对原有技术"小修小补"的层面、技术改进未与其他单位协作，未能实现技术的扩散、技术人员的培养局限性较强；以协作机械厂为代表的联合技术创新模式，其特点是实现了一定程度的技术消化吸收创新、在技术消化吸收中采取了与其他单位合作研发的方式，注重新技术的引进与使用，实现了一定程度的技术反哺；

以八五钢厂为代表的本土化技术创新模式，其特点是基于当地环境进行了相应的本土化创新、技术人员的培训较为有效、技术创新是与其他单位联合进行的且实现了一定程度的技术扩散。

　　研究认为，造成这一差异化的原因可以从技术转移的四个要素中寻找答案，即技术转出方、技术接收方、技术特性和外部环境。

　　从技术转出方来看，对上海小三线技术转移模式的影响主要体现在技术支持力度的不同，不同的技术来源会导致企业技术改进和创新的能力不同。首先，上海小三线技术转移表现出不同模式的原因是上海小三线企业的技术转出方均为上海市，较于当时的安徽优越性较强，这也导致了人才流动基本上是"有出无进"，而技术人员的不足也导致了小三线企业的技术力量参差不齐。其次，八五钢厂可以实现本土化技术创新的原因之一是其技术来源更为专业。

　　从技术接收方来看，其对上海小三线技术转移模式的影响主要体现在相关技术基础的不同。虽然小三线企业均是从上海转出，但因接收方各有不同，造成了不同的技术转移模式。首先，就以协同机械厂为代表的单一技术引进模式和以协作机械厂为代表的联合技术创新模式来说，两厂作为生产同一类型产品的企业，由于分布在不同地区，技术转移模式呈现不同特点。其次，就以八五钢厂为代表的本土化技术创新模式来看，马鞍山钢铁公司的成立和发展对安徽钢铁工业的发展产生了辐射带动作用，当地技术基础较为扎实。反观安徽在协作机械厂主要使用的机床加工技术方面起步较晚，技术基础较为薄弱。

　　从技术特性来看，其对上海小三线技术转移模式的影响主要体现在对转移技术的利用上。协同机械厂和协作机械厂由于军工产品生产的特性，保密性较强、技术流动性较差。八五钢厂主要生产五七高炮身管毛坯，所需钢材，保密性不及协同机械厂和协作机械厂，且钢材生产技术贴近民用，技术流动性较强。在技术人员的培养方面，协同机械厂和协作机械厂在对技术人员进行培养时门槛较高。20世纪80年代两厂都开展了技术人员培训，但更多是以方便职工回沪后尽快融入当地环境而进行的"补学历"行为，且由于两厂的军工属性，对皖南当地人员的吸纳极其有限，导致当地技术工人未能通过技术转移掌握到上海先进的技术知识。但贵池县在调整交接时期就积极与八五钢厂协商，组织贵池钢厂技术人员提前进入八五钢厂熟悉生产设备、了解技术流程和掌握管理经验，这在一定程度上促进了贵池县对转移技术的消化利用。

从外部环境来看，其对上海小三线技术转移模式的影响主要体现在产品需求上。协同机械厂和协作机械厂只停留在技术改进和创新模式，八五钢厂却表现出技术本土化模式的一个重要原因是协同机械厂和协作机械厂所承担的生产压力更大，生产紧迫性更高，而技术创新和本土化恰恰需要长时间投入方可完成。与八五钢厂负责生产的五七高炮身管毛坯相比，协同机械厂和其负责生产的新40火箭筒、新40火箭弹的需求更大，且受当时外部环境的影响紧迫性也更强，这也要求两厂必须以尽量高效的生产来达到外界对其的要求。

上海小三线在转移过程中实现了一定程度的技术创新，部分技术也扎根于当地，带动了当地工业水平的整体提升。虽然技术转移的模式层次不同，但笔者认为其对区域协调发展的影响是积极的，原因有二。

第一，随着小三线技术转移的开展，让当时的中国确立了支持乡村建设的建设导向。小三线建设期间中央对基础设施投资有明确要求，第一是老百姓，第二是打仗，第三是灾荒。1966年3月，毛泽东同志在写给刘少奇同志的信中作了高度概括——"备战、备荒、为人民"。秉持着一、二线支援三线及投资偏向农村的战略，农村基础设施建设得以发展。安徽是一个传统的农业省份，城市经济落后，工业基础薄弱。小三线建设末期，安徽农村集体所有制单位固定资产投资仍能保持28%的年平均增长率。1982—1985年安徽农村集体的房屋竣工面积达到1157.2万平方米，超过上海19%，超过同为小三线地区的江西省43%。城乡集体所有制单位固定资产投资额在安徽省的规模和增速也远超江西省，其中规模超172%。此外，安徽南部多以丘陵山地为主，而上海小三线企业处于休歙盆地、绩溪盆地、宁国盆地、广德盆地等，地貌构造复杂，地域高低起伏，基础设施建设难度较高，尤其是在农村开展基础建设阻力更大。但是，小三线时期大量的企业落户农村，随之带来了大量的固定资产投资，改善了交通基础设施等部门的硬性设施建设。通过所提供的公共产品和服务的外部性，促使城乡区域发展差距变窄。以安徽省宁国市为例，小三线期间共建有23条县道和15条专用公路，有6条县道、8条专用公路是由小三线企业直接或间接投资完成。其中，东马线是经玉皇亭、宁墩、杨狮、朱家桥、梅村至马头岭，长39.2千米的公路，越岭与临安县呼日塘公路相连。该路分三期工程完成。第一期工程自东山渡至宁墩，长11千米，由县供销社投资8万元。第二期工程从宁墩至朱家桥，长8千米，1966年协同机械厂投资29万元，由宁墩发动民工修筑，当年9月竣工通车。最大纵坡6%，最小曲线半径15米，修建桥梁4座，涵洞25处，投工4万个工作日。第三期工程由朱家桥至马头岭，长20.2千米，由协同机械厂投资92万元，1969年4月动工，1971年1月竣工，至此全线通车。

第二，随着上海小三线技术转移的开展，实现了产业化导向的人口流动。人口的迁移流动不仅有利于促进人力资源的价值提升，还有助于推动区域经济社会协调发展。随着上海小三线建设的启动，人口不再局限于区域内流动，更多在政府主导下与产业一同实现跨区域迁移。起初上海职工对于迁至小三线地区有抵触情绪，认为从上海迁到皖南山区，虽满足了国家的战略需要，但牺牲了个人的实际利益，不单是收入水平、粮食定量、生活条件等经济方面，还包括夫妻分居、父母子女分离等家庭社会方面。但上海市委本着"把政治思想工作做到各种人中去"，而"做好人的政治思想工作是做好搬迁工作的根本保证"的原则，加强了对职工的思想政治教育，提高了其政治觉悟，促使搬迁工作顺利进行。1964年安徽平均人口为3207万人，净迁移人口率为0.45%，人口流动速度缓慢。1965年，随着小三线建设的开启安徽人口急速增长。到1984年小三线交接时，平均人口达到了5080万人，较之1964年的3207万人，增加58.4%，人口净迁移率为1.64%。同时期的湖北省，1964年平均人口为3383万人，人口净迁移率为-0.36%，人口规模和流动速度与安徽接近。至1984年湖北省平均人口达到4855万人，较之1964年增加了43.5%，人口增速低于安徽。可见随着小三线技术转移，安徽实现了非自然、跨越式增长。小三线期间人口的不断流入也影响了安徽城市经济和社会发展，产生一定程度的"规模效应"，促进了政府投入更多的资源用于增加基本公共服务的供给，提高了当地基本公共服务水平。如电力方面，当时皖南基本没有供电系统，仅个别地区通电，乡村山区则完全无电可供。小三线建设全面展开后，除扩建屯溪发电厂外，新建3家发电厂和1家供电所，并在皖南山区建成输电线路1483千米，8座110千伏变电站，共21.79万千伏安，17座35千伏变电站，共8.1万千伏安。小三线电网的建设彻底改变了皖南无电、缺电的状况，为促进山区社会文化的提升、工农业生产的发展、山区居民生活的改善作出了贡献。尤其是20世纪80年代，上海将后方的3个电厂和1个供电所全部无偿移交给安徽，进一步强化了皖南电网的运行能力，令皖南工业发展得到保证。在医疗方面，伴随产业的转移，承接地的医疗水平也得到提高。上海小三线医院当地就诊人数甚至超过上海小三线工人数量。其中，上海小三线后方古田医院在1971年底，门诊接诊19499人次，其中工人8714人次，农民10785人次；住院部接诊228人次，其中工人113人次，农民115人次。1977年，后方瑞金医院门诊挂号总人次为117243人次，其中三线厂劳保病人为57829人次，农民为30686人次，其他病人为22234人次，该院职工为6494人次。

现今，我国发展不平衡不充分问题仍然突出，外部环境不确定性加大，谋求和推动中国式现代化更要牢牢把握高质量发展这个首要任务与本质要求。作为我国经济发展最活跃、开放程度最高、创新能力最强的区域之一，长三角地区在国家现代化建设和全方位开放格局中具有举足轻重的战略地位。长三角一体化发展战略在一定程度上类似于上海小三线建设，二者都是在国家重大区域发展战略的背景下进行的，也都是从先发地区向后发地区进行技术转移。在研究小三线技术转移的特征和局限后，笔者认为，首先，需要肯定小三线建设，特别是安徽对小三线企业的改造利用对日后承接长三角产业起到了奠基作用。其次，安徽在承接长三角其他省市产业转移时要注意企业选址的规划设计工作，要为企业建立良好的生活配套设施，同时也是吸引资金、技术、人才形成产业链的有效途径；要完善企业交通条件，降低企业生产成本，增强产品的竞争能力。

此外，颇为自惭的是该书写作还有很多可进一步完善之处，研究理论有待深化，史料收集仍有局限，笔者将在未来的学术生涯中继续丰富本领域研究。

# 参考文献

## 一、档案资料

### （一）协同机械厂档案资料

［1］"421"产品麻点专业会议纪要：72-14-1［A］.上海：上海重型机械厂档案室.

［2］1979年增产节约打算：80-9-32［A］.上海：上海重型机械厂档案室.

［3］580产品试制所需用设备：66-3-1［A］.上海：上海重型机械厂档案室.

［4］报告：65-3-3［A］.上海：上海重型机械厂档案室.

［5］兵器工业四〇火箭筒成本对口竞赛情况的报告：78-8-90［A］.上海：上海重型机械厂档案室.

［6］参加《经济学基础理论》考试名单（正式）：82-18-6-7［A］.上海：上海重型机械厂档案室.

［7］大件班1982年度先进事迹：82-7-5-4［A］.上海：上海重型机械厂档案室.

［8］工艺技术岗位责任制：72-16-12-2［A］.上海：上海重型机械厂档案室.

［9］工装测试岗位责任制：72-16-12-1［A］.上海：上海重型机械厂档案室.

［10］关于"四〇"火箭筒强度弹尾报废的请示报告：80-10-46［A］.

上海：上海重型机械厂档案室.

［11］关于《经济管理基础理论》电视讲座辅导员的聘请和兼课补贴标准等问题：82-18-6［A］.上海：上海重型机械厂档案室.

［12］关于《经济管理基础理论》电视讲座辅导员的聘请和兼课补贴标准等问题：82-18-6-4［A］.上海：上海重型机械厂档案室.

［13］关于421产品内膛镀铬试验结果的报告：71-19-2［A］.上海：上海重型机械厂档案室.

［14］关于防止"麻点"做50根小批流转报告：72-14-2［A］.上海：上海重型机械厂档案室.

［15］关于继续抓好青工文化学习的通知：81-1-9-32［A］.上海：上海重型机械厂档案室.

［16］关于六九式四〇火箭筒采用芯杆强度试验投入正常生产的联合备案报告：77-6-45［A］.上海：上海重型机械厂档案室.

［17］关于目前生产情况报告：70-2-13［A］.上海：上海重型机械厂档案室.

［18］关于上海重型机械厂第一分厂设计任务书的批复：85-1-2-1［A］.上海：上海市重型机械厂档案室.

［19］关于试行考勤制度的通知：72-20-25［A］.上海：上海重型机械厂档案室.

［20］关于调整交接工作汇报提纲（草稿）：85-1-20-13［A］.上海：上海市重型机械厂档案室.

［21］关于我厂尚缺人员的方案：70-2-10［A］.上海：上海重型机械厂档案室.

［22］关于我厂需要硬质合金刀片的月度计划报告：70-2-12［A］.上海：上海重型机械厂档案室.

［23］关于新40火箭筒炸膛事故报告：71-20-10［A］.上海：上海重型机械厂档案室.

［24］关于增配我厂技术工人的请示报告：71-18-47［A］.上海：上

海重型机械厂档案室.

［25］关于转发教育科"青工文化学习第三期轮训的奖励制度暂定办法"的通知：81-1-8-10［A］.上海：上海重型机械厂档案室.

［26］关于转发局"举办《经济管理基础理论》电视讲座的补充规定"的通知：82-18-6［A］.上海：上海重型机械厂档案室.

［27］关于组织业余中学初、高中毕业（结）业统一考试及自学考试的通知：82-18-8-9［A］.上海：上海重型机械厂档案室.

［28］技术工作管理制度：72-16-3［A］.上海：上海重型机械厂档案室.

［29］检验工作岗位责任制：72-16-8［A］.上海：上海重型机械厂档案室.

［30］九三三七厂革命委员会关于新40火箭筒增加镀铬工艺措施计划：71-17-8［A］.上海：上海重型机械厂档案室.

［31］联营建厂规划和协议书的报告：85-1-22-4［A］.上海：上海市重型机械厂档案室.

［32］联营建厂设计任务书：85-1-22-3［A］.上海：上海市重型机械厂档案室.

［33］六九式40火箭筒芯杆代替模拟弹进行小型强度试验总结：79-12-4［A］.上海：上海重型机械厂档案室.

［34］六九式四〇火箭筒芯杆代替模拟弹新工艺试验总结：77-7-46［A］.上海：上海重型机械厂档案室.

［35］上海市《经济管理基础理论》电视讲座学员成绩汇总表：82-18-6-11［A］.上海：上海重型机械厂档案室.

［36］上海市电子元件二厂党支部书记唐余田：我们是怎样克服涣散软弱状态改变工厂面貌的：81-4-1-3［A］.上海：上海重型机械厂档案室.

［37］上海市后方机电工业公司印发《关于一九八〇年工作总结》和《关于一九八一年第一季度工作》的通知：81-1-9-13［A］.上海：上海重型机械厂档案室.

［38］设备管理制度：72-16-12-3［A］.上海：上海重型机械厂档案室.

［39］申请设备报告：65-3-2［A］.上海：上海重型机械厂档案室.

［40］生产工人岗位责任制：72-16-11［A］.上海：上海重型机械厂档案室.

［41］生产汇报检查会议纪要：70-1-5［A］.上海：上海重型机械厂档案室.

［42］通知：72-20-23［A］.上海：上海重型机械厂档案室.

［43］下发宋元田同志在全厂誓师大会上讲话的通知：72-20-16［A］.上海：上海重型机械厂档案室.

［44］协同机械厂1981年工作总结：81-1-9-72［A］.上海：上海重型机械厂档案室.

［45］协同机械厂青工"双补"情况表：82-18-7-1［A］.上海：上海重型机械厂档案室.

［46］协同机械厂一九八二年工作打算（草稿）：82-7-2-6［A］.上海：上海重型机械厂档案室.

［47］芯杆测压试验会议纪要：77-4-8［A］.上海：上海重型机械厂档案室.

［48］一九七二年工作总结：72-11-13［A］.上海：上海重型机械厂档案室.

［49］一九七〇年生产计划大纲：70-1-3［A］.上海：上海重型机械厂档案室.

［50］职工业余初等和中等学校文化补习教学计划（试行方案）：82-18-8-2［A］.上海：上海重型机械厂档案室.

［51］中共上海后方机电工业公司委员会关于一九七八年工作规划：78-5-8［A］.上海：上海重型机械厂档案室.

［52］中共协同机械厂委员会关于厂革委会正副主任分工事的通知：72-19-4［A］.上海：上海重型机械厂档案室.

［53］转厂行政技职人员配备情况表：68-2-5［A］.上海：上海重型机械厂档案室.

［54］转发"国营工业企业设备管理暂行条例"讨论稿：82-17-6［A］.上海：上海重型机械厂档案室.

［55］转发协同机械厂贯彻国发37号文的汇报材料：72-7-2［A］.上海：上海重型机械厂档案室.

## （二）协作机械厂档案资料

［1］69式40毫米火箭弹尾杆压铸新工艺试验情况的报告：72-2-18［A］.上海：上海柴油机股份有限公司档案室.

［2］69式40火箭弹采用压铸尾杆新工艺生产情况的报告：77-5-10［A］.上海：上海柴油机股份有限公司档案室.

［3］69式40火箭弹尾杆压铸工艺鉴定组名单：73-2-2［A］.上海：上海柴油机股份有限公司档案室.

［4］产品质量管理制度：78-5-8［A］.上海：上海柴油机股份有限公司档案室.

［5］吹氧压铸技术小结：72-2-附件3［A］.上海：上海柴油机股份有限公司档案室.

［6］关于1969年01批产品的返修情况：71-2-19［A］.上海：上海柴油机股份有限公司档案室.

［7］关于1971年第14批新40火箭弹精度不合格请求处理出厂联合报告：72-3-12［A］.上海：上海柴油机股份有限公司档案室.

［8］关于40弹专业会议的机要：76-9-15［A］.上海：上海柴油机股份有限公司档案室.

［9］关于69式40毫米火箭弹尾杆采用压铸工艺生产问题的批复：74-5-10［A］.上海：上海柴油机股份有限公司档案室.

［10］关于69式40毫米火箭弹尾杆采用压铸工艺生产问题的批复：74-5-10［A］.上海：上海柴油机股份有限公司档案室.

［11］关于69式40毫米火箭弹压铸尾杆产品图报请审批报告：83-46-46［A］.上海：上海柴油机股份有限公司档案室.

［12］关于69式40火箭弹弹尾主副药包检查结果报告：77-9-4［A］.上海：上海柴油机股份有限公司档案室.

［13］关于69式火箭弹未炸情况的调查报告：77-9-5［A］.上海：上海柴油机股份有限公司档案室.

［14］关于75无后坐力炮弹、40火箭弹厂扩大初步设计方案的批复：68-1-4［A］.上海：上海柴油机股份有限公司档案室.

［15］关于9383厂69式40毫米火箭弹尾杆压铸工艺鉴定的通知：72-7-56［A］.上海：上海柴油机股份有限公司档案室.

［16］关于9383厂整顿产品质量验收合格的通知：81-1-6-1［A］.上海：上海柴油机股份有限公司档案室.

［17］关于采用尾杆压铸新工艺生产的69式40毫米火箭弹在部队试验情况的报告：74-5-9［A］.上海：上海柴油机股份有限公司档案室.

［18］关于产品质量问题的情况报告：71-2-5［A］.上海：上海柴油机股份有限公司档案室.

［19］关于对去年出厂产品进行检修的请示报告：71-2-13［A］.上海：上海柴油机股份有限公司档案室.

［20］关于发送《机械工业提高产品质量整顿企业管理十二项工作验收标准（试行）》的通知：80-4-1［A］.上海：上海柴油机股份有限公司档案室.

［21］关于更改协作机械厂厂址报告：68-1-18［A］.上海：上海柴油机股份有限公司档案室.

［22］关于贯彻69式40毫米火箭弹尾杆的压铸座谈会议纪要的通知：74-5-11［A］.上海：上海柴油机股份有限公司档案室.

［23］关于建厂以来的历史沿革和档案全宗介绍（1966—1986）：86-1-2-2［A］.上海：上海柴油机股份有限公司档案室.

［24］关于接待朝鲜考察团工作情况的报告：71-2-57［A］.上海：上

海柴油机股份有限公司档案室.

[25]关于进一步查找69式40火箭筒炸膛事故原因的报告：75-2-18
[A].上海：上海柴油机股份有限公司档案室.

[26]关于进一步查找69式40火箭筒炸膛事故原因的补充报告：74-2-23[A].上海：上海柴油机股份有限公司档案室.

[27]关于九三八三厂69式40火箭弹尾杆压铸工艺的鉴定报告：73-2-3[A].上海：上海柴油机股份有限公司档案室.

[28]关于九三八三厂69式40火箭弹压铸尾杆鉴定报告的批复：73-8-2[A].上海：上海柴油机股份有限公司档案室.

[29]关于九三八三厂查清40毫米火箭弹弹尾漏装主副药包问题的通知：75-2-17[A].上海：上海柴油机股份有限公司档案室.

[30]关于老40火箭筒弹如何处理报告：70-4-36[A].上海：上海柴油机股份有限公司档案室.

[31]关于六九式40火箭筒炸膛事故报告：74-2-22[A].上海：上海柴油机股份有限公司档案室.

[32]关于六九式四〇毫米火箭弹转入批生产的请示报告：71-9-25
[A].上海：上海柴油机股份有限公司档案室.

[33]关于提高产品质量，整顿企业管理的情况汇报：81-1-6-5
[A].上海：上海柴油机股份有限公司档案室.

[34]关于同意终止原《上海市协作机械厂和宝山县农业服务总公司联营协议》的通知：87-4-11[A].上海：上海柴油机股份有限公司档案室.

[35]关于尾杆压铸工艺试验情况汇报：73-2-1[A].上海：上海柴油机股份有限公司档案室.

[36]关于我厂简史情况的报告：85-2-2[A].上海：上海柴油机股份有限公司档案室.

[37]关于无偿接收上海协作机械厂的批复：88-5-9[A].上海：上海柴油机股份有限公司档案室.

［38］关于五金加工的协议：83-6-3［A］.上海：上海柴油机股份有限公司档案室.

［39］关于协作机械厂调整期间和上柴配件分厂筹建过程的情况汇总：89-1-1［A］.上海：上海柴油机股份有限公司档案室.

［40］关于压铸车间筹建工作的报告：75-2-1［A］.上海：上海柴油机股份有限公司档案室.

［41］关于召开新40火箭弹压铸尾杆和点火具延期时间增长问题座谈会的通知：78-19-8［A］.上海：上海柴油机股份有限公司档案室.

［42］杭州电扇总厂和协作厂的协议：85-4-1［A］.上海：上海柴油机股份有限公司档案室.

［43］技术、生产联营协议书：85-4-4［A］.上海：上海柴油机股份有限公司档案室.

［44］技术成果转让及产品包销合同：85-4-3［A］.上海：上海柴油机股份有限公司档案室.

［45］紧急请求新40弹压铸尾杆鉴定用测压炮事：72-3-48［A］.上海：上海柴油机股份有限公司档案室.

［46］九三八三建厂规划（草案）：68-1-7［A］.上海：上海柴油机股份有限公司档案室.

［47］临安县昌北区上游段查勘简要报告：68-1-6［A］.上海：上海柴油机股份有限公司档案室.

［48］企业整顿验收与节能工作小结：84-21-5［A］.上海：上海柴油机股份有限公司档案室.

［49］上海柴油机厂上海协作机械厂联营协议书：87-4-13［A］.上海：上海柴油机股份有限公司档案室.

［50］上海市第一机电工业局关于当前抓好产品质量的几项规定：82-31-8［A］.上海：上海柴油机股份有限公司档案室.

［51］上海市协作机械厂交接汇报提纲：88-5-2［A］.上海：上海柴油机股份有限公司档案室.

［52］上海协作机械厂华东师范大学交接协议书：88-5-3［A］.上海：上海柴油机股份有限公司档案室.

［53］上海协作机械厂与浙江省临安县政府协议书：88-5-4［A］.上海：上海柴油机股份有限公司档案室.

［54］同意上海柴油机厂和上海协作机械厂联营的批复：87-4-12［A］.上海：上海柴油机股份有限公司档案室.

［55］同意协作机械厂和宝山县农业服务总公司合资联营的批复：85-4-11［A］.上海：上海柴油机股份有限公司档案室.

［56］压铸尾杆生产的技术小结：78-4-6［A］.上海：上海柴油机股份有限公司档案室.

［57］压铸尾杆新工艺试验情况（1970年4月至1972年5月）：72-2-18［A］.上海：上海柴油机股份有限公司档案室.

［58］用毛主席哲学思想指导压铸尾杆试验：78-4-5［A］.上海：上海柴油机股份有限公司档案室.

［59］原上海协作机械厂关于与华东师范大学签订"交接协议书"的全部经过的情况汇报：90-3-2［A］.上海：上海柴油机股份有限公司档案室.

［60］中共中央关于加强和改进职工思想政治工作的决定：83-15-2［A］.上海：上海柴油机股份有限公司档案室.

## （三）八五钢厂档案资料

［1］"细灰线"断口的观测：77-11-45-4［A］.上海：宝武集团上海五钢有限公司档案室.

［2］1977年本厂基本情况年报：77-9-40-1［A］.上海：宝武集团上海五钢有限公司档案室.

［3］930工程方案设计：70-18-16-7-1［A］.上海：宝武集团上海五钢有限公司档案室.

［4］930工程设备清单：70-18-6-2［A］.上海：宝武集团上海五钢有限公司档案室.

［5］安全环保技术科科长考核标准：84-1-16-28［A］.上海：宝武集团上海五钢有限公司档案室.

［6］八五厂总图运输方案：70-18-16-4［A］.上海：宝武集团上海五钢有限公司档案室.

［7］八五钢厂01车间设计方案精密铸造部分补充说明：70-18-16-2-5［A］.上海：宝武集团上海五钢有限公司档案室.

［8］八五钢厂02车间设计方案：70-18-16-2-6［A］.上海：宝武集团上海五钢有限公司档案室.

［9］八五钢厂03车间方案设计说明：70-18-16-2-7［A］.上海：宝武集团上海五钢有限公司档案室.

［10］八五钢厂对梅街村山林、农田污染情况的调查报告：86-16-57-7［A］.上海：宝武集团上海五钢有限公司档案室.

［11］八五工厂七车间设计方案：70-18-16-3-4［A］.上海：宝武集团上海五钢有限公司档案室.

［12］八五工厂四车间方案设计说明：70-18-16-4-3［A］.上海：宝武集团上海五钢有限公司档案室.

［13］八五工厂中心检验室设计方案：70-18-16-3-1［A］.上海：宝武集团上海五钢有限公司档案室.

［14］关于"57"高炮毛坯件试制情况和存在问题的报告：73-9-14-14［A］.上海：宝武集团上海五钢有限公司档案室.

［15］关于"金属化球团"试验工程征用土地的报告：75-18-20-2［A］.上海：宝武集团上海五钢有限公司档案室.

［16］关于"氢氟酸-硝酸酸洗废液回收利用"科学技术项目进展情况的汇报：75-18-21-2［A］.上海：宝武集团上海五钢有限公司档案室.

［17］关于"五〇七"铸件技术协议书：77-10-43-10-1［A］.上海：宝武集团上海五钢有限公司档案室.

［18］关于报送我厂硝酸-氢氟酸回收间施工设计方案的报告：75-18-21-8［A］.上海：宝武集团上海五钢有限公司档案室.

［19］关于拨给金属化球团试验费的通知：75-18-20-1［A］.上海：宝武集团上海五钢有限公司档案室.

［20］关于采用"扩散渗析法"回收硫酸的报告：81-16-92-14［A］.上海：宝武集团上海五钢有限公司档案室.

［21］关于二、四、八车间工业污水外排管理制度和奖惩条例的通知：85-16-13［A］.上海：宝武集团上海五钢有限公司档案室.

［22］关于工矿企业治理"三废"污染开展综合利用产品利润提留办法的通知：80-16-94-2［A］.上海：宝武集团上海五钢有限公司档案室.

［23］关于贵池钢厂煤气发生站含酚废水处理效果和对白洋河水质影响的调查报告：77-16-61［A］.上海：宝武集团上海五钢有限公司档案室.

［24］关于金属化球团半工业性试验的报告：72-20-21-10［A］.上海：宝武集团上海五钢有限公司档案室.

［25］关于氢氟酸处理设备搬迁后有关问题会议商定纪要：77-16-61-8［A］.上海：宝武集团上海五钢有限公司档案室.

［26］关于上报"贵池县政府上海八五钢厂会谈纪要"的报告：87-22-63-21［A］.上海：宝武集团上海五钢有限公司档案室.

［27］关于上海后方八五钢厂对梅街村山林、农田污染赔偿的协议书：86-16-57-6［A］.上海：宝武集团上海五钢有限公司档案室藏.

［28］关于同意贵池钢厂金属化球团车间征地方案的批复：75-18-20-5［A］.上海：宝武集团上海五钢有限公司档案室.

［29］关于同意五七高炮身管毛坯投入批生产的批复：75-9-15-12［A］.上海：宝武集团上海五钢有限公司档案室.

［30］关于我厂含酚污水脱酚设施投产和我厂下游白洋河水质量显著好转的报告：77-16-61-4［A］.上海：宝武集团上海五钢有限公司档案室藏.

［31］关于硝酸-氢氟酸工业性试验设计工作情况汇报：74-10-18-15［A］.上海：宝武集团上海五钢有限公司档案室.

［32］关于在贵池钢厂使用N-503萃取剂进行脱酚试验的协议：76-

16-29-2［A］.上海：宝武集团上海五钢有限公司档案室.

［33］关于治理工业"三废"开展综合利用的几项规定：77-16-61-3［A］.上海：宝武集团上海五钢有限公司档案室.

［34］贵池钢厂"57"高炮身管实弹射击试验总结报告：75-9-15-14［A］.上海：宝武集团上海五钢有限公司档案室.

［35］贵池钢厂金属化球团半工业试验车间方案：75-18-20-8［A］.上海：宝武集团上海五钢有限公司档案室.

［36］贵池钢厂金属化球团半工业试验车间方案：75-18-20-8［A］.上海：宝武集团上海五钢有限公司档案室.

［37］贵池县政府、上海八五钢厂会谈纪要：87-22-63-23［A］.上海：宝武集团上海五钢有限公司档案室.

［38］环境保护的基本情况汇报：76-16-29-4［A］.上海：宝武集团上海五钢有限公司档案室.

［39］庞耀昌在中层干部会上讲话：关于交接工作中的一些问题：87-22-63［A］.上海：宝钢集团上海五钢有限公司档案室.

［40］七八年五七高炮毛坯订货技术协议：77-10-43-10-3［A］.上海：宝武集团上海五钢有限公司档案室.

［41］企业环境统计报表：86-16-57［A］.上海：宝武集团上海五钢有限公司档案室.

［42］氢氟酸-硝酸废酸回收方案讨论纪要：74-10-18-13［A］.上海：宝武集团上海五钢有限公司档案室.

［43］上报"五〇七"工程八五工厂建厂大纲：70-18-16-2-1［A］.上海：宝武集团上海五钢有限公司档案室.

［44］上海八五钢厂安徽省贵池钢厂贯彻《交接实施方案》的执行办法：87-22-63-28［A］.上海：宝武集团上海五钢有限公司档案室.

［45］上海八五钢厂安徽省贵池钢厂交接领导小组第二次联席会议纪要：87-22-63-37［A］.上海：宝武集团上海五钢有限公司档案室.

［46］上海八五钢厂安徽省贵池钢厂交接领导小组第三次联席会议纪

要：87-22-63-28[A].上海：宝武集团上海五钢有限公司档案室.

［47］上海八五钢厂环境保护规划（1980—1982）：80-16-94-1[A].上海：宝武集团上海五钢有限公司档案室.

［48］上海八五钢厂交接实施方案：87-22-62-4[A].上海：宝武集团上海五钢有限公司档案室.

［49］上海八五钢厂"三废"分布情况简表：80-16-94-1[A].上海：宝武集团上海五钢有限公司档案室.

［50］上海市冶金工业局革命委员会为申请解决后方贵池钢厂金属化球团中间试验车间施工力量及设备问题的报告：75-18-20-10[A].上海：宝武集团上海五钢有限公司档案室.

［51］身管试制工作会议纪要：71-9-10-13[A].上海：宝武集团上海五钢有限公司档案室.

［52］五〇七产品试制准备工作会议纪要：72-18-18-15[A].上海：宝武集团上海五钢有限公司档案室.

［53］五〇七工程八五厂建厂方案：70-18-16-2-2[A].上海：宝武集团上海五钢有限公司档案室.

［54］五七高炮身管毛坯质量攻关第二周期计划：76-9-21-11[A].上海：宝武集团上海五钢有限公司档案室.

［55］五七高炮身管毛坯质量攻关计划：76-9-21-10[A].上海：宝武集团上海五钢有限公司档案室.

［56］五七高炮身管质量攻关总结报告：77-11-45-1[A].上海：宝武集团上海五钢有限公司档案室.

［57］五七高炮身管质量攻关总结报告：77-11-45-1[A].上海：宝武集团上海五钢有限公司档案室.

［58］五七高炮铸锻件毛坯订货技术协议：77-10-43-10-4[A].上海：宝武集团上海五钢有限公司档案室.

［59］硝酸-氢氟酸回收工业性试验设施施工设计方案现场讨论会议纪要：75-18-21-9[A].上海：宝武集团上海五钢有限公司档案室.

［60］硝酸－氢氟酸酸洗废液回收工业性试验计划：74-10-18-16［A］.上海：宝武集团上海五钢有限公司档案室.

［61］小棱面断口的本质及预防：77-11-45-3［A］.上海：宝武集团上海五钢有限公司档案室.

［62］选定贵池钢厂金属化球团车间位置：75-18-20-9［A］.上海：宝武集团上海五钢有限公司档案室.

［63］一九七〇年工作总结：70-1-1［A］.上海：宝武集团上海五钢有限公司档案室.

［64］一九七一年质量工作总结：71-9-11-12［A］.上海：宝武集团上海五钢有限公司档案室.

［65］异金属夹杂的研究：77-11-45-2［A］.上海：宝武集团上海五钢有限公司档案室.

［66］印发上海八五钢厂环保管理制度：84-16-72-4［A］.上海：宝武集团上海五钢有限公司档案室.

［67］征用土地协议书：75-18-20-6-2［A］.上海：宝武集团上海五钢有限公司档案室.

## （四）地市档案馆馆藏资料

［1］国务院国防工业办公室对于军工优质产品颁发国家质量奖的请示报告：B142-2-218-11［A］.上海：上海市档案馆.

［2］徽州地区积极改造利用小三线企业：85-15.W-1-12［A］.安徽：安徽省宁国市档案馆.

［3］1980年大中型工业企业基本情况（卡片）：B69-1-104-13［A］.上海：上海市档案馆.

［4］关于上海小三线建设情况的汇报：B246-1-936-31［A］.上海：上海市档案馆.

［5］关于调整各省、市、自治区小三线军工厂的报告：B66-1-138［A］.上海：上海市档案馆.

［6］关于小三线地方军工厂的厂址选择和厂区布置的几点意见：A381-351-93［A］.上海：上海市档案馆.

［7］贵池县政府、上海八五钢厂会议纪要、安庆地区行署小三线交接办公室贵池、东至小三线交接协议书、工作总结、汇报、会议纪要：34-2-12［A］.安徽：安徽省安庆市档案馆.

［8］后方局关于小三线调整工作总结报告：B67-1-312［A］.上海：上海市档案馆.

［9］上海后方基地十年发展规划和主要军工产品的规划（草稿）：B67-2-170［A］.上海：上海市档案馆.

［10］上海市工交组、市国防工办关于后方基地所属单位组织领导关系的通知和市劳动局关于后方基地招生培训地质勘探人员及招收职工子女问题的请示意见：B127-3-142［A］.上海：上海市档案馆.

［11］上海市工业生产委员会关于上海五个厂迁往三线的工作报告：A38-1-343-98［A］.上海：上海市档案馆.

［12］上海市后方机电公司上海机电系统小三线调整工作总结：B69-1-228-18（1-8）［A］.上海：上海市档案馆.

［13］上海市后方基地管理局1982年工作总结和1983年工作意见：B67-1-229［A］.上海：上海市档案馆.

［14］上海市计划委员会韦明等同志关于对后方基地民品生产问题给陈锦华、韩哲一、钟民同志的信：B66-1-106-45［A］.上海：上海市档案馆.

［15］上海市人民政府关于调整本市小三线军工厂的通知：B1-8-178-26［A］.上海：上海市档案馆.

［16］上海市小三线协调办公室关于上海在皖南小三线的调整和交接工作的函：B1-1-231-1［A］.上海：上海市档案馆.

［17］上海市冶金局基地支内组1973年工作小结及市工交组、国防工办关于后方基地所属单位组织领导关系的报告、通知：B112-2-492［A］.上海：上海市档案馆.

［18］上海市支援内地建设工作领导小组办公室关于上海市工厂企业搬迁工作的情况报告：A38-1-394-2［A］.上海：上海市档案馆.

［19］上海小三线情况（口头汇报提纲）：B1-10-231-320［A］.上海：上海市档案馆.

## 二、著作

［1］A.希利雅耶夫.冶金工厂技术经济论证［M］.北京：冶金工业出版社，1987.

［2］《北京理工大学自动化学院学科专业发展史》编委会.智于行慧于思北京理工大学自动化学院学科专业发展历程史［M］.北京：北京理工大学出版社，2017.

［3］《当代中国》丛书编辑部.当代中国的核工业［M］.北京：社会科学出版社，1987.

［4］《上海钢铁工业志》编纂委员会.上海钢铁工业志［M］.上海：上海社会科学院出版社，2001.

［5］George L H，Robert S. A Greek-English lexicon（Abridged Edition）［M］. United Kingdom：Oxford University Press，1980.

［6］Judith Shapiro.Mao's war against nature：politics and the environment in revolutionary China［M］.Cambridge：Cambridge University Press，2001.

［7］Meyskens C F. Mao's third front：the militarization of Cold War China［M］. Cambridge：Cambridge University Press，2020.

［8］Sadoi Y.Technology transfer in automotive parts firms in China［M］. London：Routledge，2013.

［9］安徽省地方志编纂委员会.安徽省志：科学技术志［M］.北京：方志出版社，1997.

［10］安徽省地方志编纂委员会.安徽省志：自然环境［M］.北京：方志出版社，1999.

［11］北京钢铁学校.钢锭浇注问答［M］.北京：冶金工业出版社，1980.

［12］曹万有，张文柱，王道宏.高膛压火炮技术［M］.北京：国防工业出版社，1989.

［13］陈东林.三线建设：备战时期的西部大开发［M］.北京：中共中央党校出版社，2003.

［14］池州市贵池区地方志编纂委员会.贵池市志（1988—2000）［M］.合肥：黄山书社，2009.

［15］大型铸锻件行业协会，大型铸锻件缺陷分析图谱编委会.大型铸锻件缺陷分析图谱［M］.北京：机械工业出版社，1990.

［16］第一重型机器厂哈尔滨工业大学.大型铸钢件生产［M］.哈尔滨：黑龙江人民出版社，1979.

［17］傅正华，林耕，李明亮.我国技术转移的理论与实践［M］.北京：中国经济出版社，1996.

［18］杨善华，阮丹青，定宜庄.缝隙中的改革：黄宗汉与北京东风电视机厂的破冰之旅［M］.北京：生活·读书·新知三联书店，2014.

［19］顾政.工业企业质量管理［M］.北京：中国轻工业出版社，1991.

［20］贵池市地方志编纂委员会.贵池县志［M］.合肥：黄山书社，1994.

［21］何保山.中国技术转移和技术进步［M］.北京：经济管理出版社，1996.

［22］姜振寰.当代中国技术观研究［M］.济南：山东教育出版社，2008.

［23］姜振寰.技术学辞典［M］.沈阳：辽宁科学技术出版社，1990.

［24］金冲及.二十世纪中国史纲：第3卷［M］.北京：社会科学文献出版社，2009.

［25］金冲及.周恩来传［M］.北京：中央文献出版社.1998.

［26］金延锋.历史新篇：中国共产党在浙江　1949—1978［M］.杭

州：浙江人民出版社，2011.

［27］李滔，陆洪洲.中国兵工企业史［M］.北京：兵器工业出版社，2003.

［28］刘和秀.高等教育"十三五"规划教材化工原理实验［M］.2版.徐州：中国矿业大出版社，2018.

［29］吕淑萍.上海环境保护志［M］.上海：上海社会科学院出版社，1998.

［30］马鞍山市地方志编纂委员会.马鞍山市志［M］.合肥：黄山书社，1992.

［31］宁国县地方志编纂委员会.宁国县志［M］.北京：生活·读书·新知三联书店，1997.

［32］上海交通大学.机电词典［M］.北京：机械工业出版社，1991.

［33］上海市第一机电工业局工会.铸工［M］.北京：机械工业出版社，1973.

［34］上海通志编纂委员会.上海通志：第3册［M］.上海：上海人民出版社，2005.

［35］上海音像资料馆.上海故事：一座城市的温暖记忆［M］.上海：上海大学出版社，2018.

［36］沈志华.中苏关系史纲［M］.北京：新华出版社，2007.

［37］沈质先，龙家鑫.现代职工教育［M］.北京：中国劳动出版社，1991.

［38］苏桦，侯永.当代中国的安徽［M］.北京：当代中国出版社，1992.

［39］孙烈.德国克虏伯与晚清火炮：贸易与仿制模式下的技术转移［M］.济南：山东教育出版社，2014.

［40］汪敬虞.中国近代工业化研究［M］.北京：中国社会科学出版社，2020.

［41］王春才.元帅的最后岁月：彭德怀在三线［M］.成都：四川人民

出版社，1998.

［42］王书明.中国市县经济发展概况：第3卷［M］.北京：经济科学出版社，1989.

［43］王泰平.中华人民共和国外交史：第2卷［M］.北京：世界知识出版社，1998.

［44］魏宗华.冶金工业综合利用100例［M］.北京：冶金部安环司，1986.

［45］武力.中华人民共和国经济史：1949—1999［M］.北京：中国经济出版社，1999.

［46］杨先材.中国历史新编：中华人民共和国史［M］.北京：高等教育出版社，2014.

［47］岳志坚.中国质量管理［M］.北京：中国财政经济出版社，1989.

［48］张柏春，姚芳，张久春，等.苏联技术向中国的转移：1949—1966［M］.济南：山东教育出版社，2004.

［49］张士运.技术转移体系建设理论与实践［M］.北京：中国经济出版社，2014.

［50］张玉臣.技术转移机理研究：困惑中的寻解之路［M］.北京：中国经济出版社，2009.

［51］中共上海市委党史研究室.上海社会主义建设50年［M］.上海：上海人民出版社，1999.

［52］中国机械工程学会.中国机械史：技术卷［M］.北京：中国科学技术出版社，2014.

［53］中国金属学会炼铁学术委员会.中国金属学会学术论文集炼铁文集：下册［M］.北京：中国工业出版社，1991.

［54］中国科学技术情报研究所重庆分所.国内科技资料目录第十二集1976年馆藏资料报告之二［M］.重庆：科学文献出版社重庆分社，1977.

［55］中南矿冶学院团矿教研室.国外铁矿粉造块［M］.北京：冶金工业出版社，1981.

［56］《安徽经济年鉴》编辑委员会.安徽经济年鉴:1987［M］.合肥:安徽人民出版社,1987.

［57］《安徽经济年鉴》编辑委员会.安徽经济年鉴:1984［M］.合肥:安徽人民出版社,1984.

［58］《饶子健将军》编写组.饶子健将军［M］.上海:上海人民出版社,2011.

［59］薄一波.若干重大决策与事件的回顾［M］.北京:中共中央党校出版社,1993.

［60］陈东林.中国共产党与三线建设［M］.北京:中共党史出版社,2014.

［61］当代中国研究所.中华人民共和国史稿:第3卷［M］.北京:人民出版社,2012.

［62］邓小平.邓小平文选:第2卷［M］.北京:人民出版社,1993.

［63］国家统计局.国外经济统计资料:1949—1976［M］.北京:中国财政经济出版社,1979.

［64］国家统计局工业交通物资统计司.中国工业经济统计资料［M］.北京:中国统计出版社,1987.

［65］国家统计局固定资产投资统计司.中国固定资产投资统计资料:1950—1985［M］.北京:中国统计出版社,1987.

［66］国家统计局人口统计司.中华人民共和国人口统计资料汇编:1949—1985［M］.北京:中国财政经济出版社,1988.

［67］国家统计局社会统计司.中国劳动工资统计资料:1949—1985［M］.北京:中国统计出版社,1987.

［68］国家统计局综合司.全国各省、自治区、直辖市历史统计资料汇编:1949—1989［M］.北京:中国统计出版社,1990.

［69］怀国模.中国军转民实录［M］.北京:国防工业出版社,2006.

［70］孔从洲.孔从洲回忆录［M］.北京:解放军出版社,1989.

［71］倪同正.三线风云:中国三线建设文选［M］.成都:四川人民出

版社，2013.

［72］汪海波.新中国工业经济史［M］.北京：经济管理出版社，1986.

［73］徐有威，陈东林.小三线建设研究论丛：第3辑［M］.上海：上海大学出版社，2018.

［74］徐有威，陈东林.小三线建设研究论丛：第4辑［M］.上海：上海大学出版社，2018.

［75］徐有威，陈东林.小三线建设研究论丛：第5辑［M］.上海：上海大学出版社，2019.

［76］徐有威，陈东林.小三线建设研究论丛：第7辑［M］.上海：上海大学出版社，2021.

［77］徐有威.新中国小三线建设档案文献整理汇编：第1辑［M］.上海：上海科学技术文献出版社，2021.

［78］张珍.张珍回忆录［M］.北京：兵器工业出版社，2005.

［79］中共安徽省委党史研究室.上海小三线建设在安徽口述实录［M］.北京：中共党史出版社，2018.

［80］中共上海市委党史研究室，上海市现代上海研究中心.口述上海：小三线建设［M］.上海：上海教育出版社，2013.

［81］中共中央文献研究室，中国人民解放军军事科学院.建国以来毛泽东军事文稿：下卷［M］.北京：军事科学出版社，2010.

［82］中共中央文献研究室.建国以来毛泽东文稿：第6册［M］.北京：中央文献出版社，1992.

［83］中共中央文献研究室.建国以来重要文献选编：第17卷［M］.北京：中央文献出版社，1997.

［84］中共中央文献研究室.建国以来重要文献选编：第19卷［M］.北京：中央文献出版社，2011.

［85］中共中央文献研究室.建国以来重要文献选编：第2卷［M］.北京：中央文献出版社，1993.

［86］中共中央文献研究室.建国以来重要文献选编：第6卷［M］.北

京：中央文献出版社，1993.

［87］中共中央文献研究室.建国以来重要文献选编：第19册［M］.北京：中央文献出版社，2011.

［88］中共中央文献研究室.十四大以来重要文献选编［M］.北京：人民出版社，1999.

［89］中国社会科学院，中央档案馆.1958—1965中华人民共和国经济档案资料选编，固定资产投资与建筑业卷［M］.北京：中国财政经济出版社，2011.

［90］中华人民共和国国家经济贸易委员会.中国工业五十年：新中国工业通鉴：第6部［M］.北京：中国经济出版社，2000.

［91］Arrow K J. Classificatory notes on the production and transmission of technological knowledge［J］. The American Economic Review，1969，59（2）：29-35.

［92］Baark E. Transfer of telegraph technology to China：the role of the great northern telegraph company 1870-1890［J］. DTU，1996（43）.

［93］Brown S R. The Ewo Filature：a study in the transfer of technology to China in the 19th century［J］. Technology and Culture，1979，20（3）：550-568.

［94］Chan L，Aldhaban F. Technology transfer to China：with case studies in the high-speed rail industry［C］.2009 Portland International Conference on Management of Engineering & Technology. IEEE，2009：2858-2867.

［95］Colomban P，Gironda M，Vangu D，et al. The technology transfer from Europe to China in the 17th-18th centuries：non-invasive on-site XRF and Raman analyses of Chinese Qing Dynasty enameled masterpieces made using European ingredients/recipes［J］. Materials，2021，14（23）：7434.

［96］Grosse R. International technology transfer in services［J］.Journal of International Business Studies，1996，27（4）：781-800.

［97］Jui-Te C. Technology transfer in modern China: the case of railway enterprise（1876-1937）［J］. Modern Asian Studies, 1993, 27（2）: 281-296.

［98］Kendall P. From third front to cultural revolution［J］. British Journal of Chinese Studies, 2022, 12（1）: 40-59.

［99］Lewis J W, Di H, Litai X. Beijing's defense establishment: solving the arms-export enigma［J］. International Security, 1991, 15（4）: 87-109.

［100］Lin M. "To See is to Believe?": modernization and US-China exchanges in the 1970s［J］. The Chinese Historical Review, 2016, 23（1）: 23-46.

［101］Merrill R S. The role of technology in cultural evolution［J］. Social Biology, 1972, 19（3）: 240-247.

［102］Naughton B. The third front: defence industrialization in the Chinese interior［J］. The China Quarterly, 1988, 115: 351-386.

［103］Rogers E M, Shoemaker F F. Communication of innovations: a cross-cultural approach［J］.Man, 1971, 9（2）: 476.

［104］Rosenbloom R S. Technological change: economics, management and environment［J］. Technology and Culture, 1976, 17（4）: 782.

［105］Su J. Technology and politics: China's adoption of color television system in 1970s［C］.The Society for the History of Technology's 2016 Annual Conference, National University of Singapore. 2016.

［105］Wang H. Revisiting the niuzhuang oil mill（1868-1870）: transferring western technology into China［J］. Enterprise & Society, 2013, 14（4）: 749-768.

［107］Yang D. Patterns of China's regional development strategy［J］. The China Quarterly, 1990, 122: 230-257.

［108］Zhou Q. Capital construction investment and its regional distribution

in China［J］．International Journal of Urban and Regional Research，1993，17
（2）：159-177.

［109］陈东林.从"吃穿用计划"到"战备计划"——"三五"计划指导思想的转变过程［J］.当代中国史研究，1997（2）：65-75.

［110］陈熙，徐有威.落地不生根：上海皖南小三线人口迁移研究［J］.史学月刊，2016（2）：106-118.

［111］陈玉玲，唐玲.小三线建设企业青年职工思想政治教育研究（1979—1985）：以上海八五钢厂为例［J］.西南科技大学学报（哲学社会科学版），2023，40（1）：22-31.

［112］杜华君，张继焦.换一个角度看三线建设工业遗产的后工业化转型：结构遗产再生产［J］.宁夏社会科学，2022（5）：166-175.

［113］段伟.安徽宁国"小三线"企业改造与地方经济腾飞［J］.当代中国史研究，2009，16（3）：85-91，127.

［114］范小虎，陈很荣，仰书纲.技术转移及其相关概念的涵义辨析［J］.科技管理研究，2000（6）：44-46.

［115］冯震宇.西方火器技术冲击下的明清科技与社会转型［J］.自然辩证法通讯，2022，44（7）：61-68.

［116］葛维春，代祥.江西"小三线"建设的历史考察［J］.南昌大学学报（人文社会科学版），2018，49（3）：91-97.

［117］韩洪洪.邓小平与三线建设［J］.党的文献，2005（4）：97-101.

［118］洪法祥，姚林祥，徐绍禄.里畈水库扩建工程的意义与作用［J］.浙江水利科技，1997（1）：2-3.

［119］黄华平，邢蕾.三线建设时期党和政府运作民工筑路实态探赜：以1970—1973年芜湖县兴修皖赣铁路为考察对象［J］.安徽史学，2023（4）：160-168.

［120］黄群慧.中国共产党领导社会主义工业化建设及其历史经验［J］.中国社会科学，2021，307（7）：4-20，204.

［121］康荣平.技术转移的若干理论［J］.科学研究，1986（3）：

28-38.

［122］柯尚哲.从欧美观点看三线建设［J］.开发研究，2015（1）：157-159.

［123］李彩华，姜大云.我国大三线建设的历史经验和教训［J］.东北师大学报，2005（4）：85-91.

［124］李彦昌.剂型、技术与观念：片剂技术在近代中国的传播［J］.中国科技史杂志，2017，38（2）：127-142.

［125］李云，杨帅，徐有威.上海小三线与皖南地方关系研究［J］.安徽史学，2016（4）：158-165.

［126］林晨，陈荣杰，徐向宇.外部产业投资与区域协调发展：来自"三线建设"地区的证据［J］.经济研究，2022，57（3）：173-190.

［127］刘本森，刘世彬.山东小三线建设中的民工动员［J］.当代中国史研究，2020，27（5）：136-148，160.

［128］刘洋.三线建设时期攀枝花钒钛磁铁矿冶炼技术突破中的非技术因素探析［J］.中国科技史杂志，2016，37（4）：473-484.

［129］鲁小凡.上海小三线污染治理研究［J］.学术界，2023，299（4）：132-140.

［130］吕建昌.三线建设与三线工业遗产概念刍议［J］.学术界，2023（4）：124-131.

［131］吕清琦，方一兵.西北实业公司火炮的模仿与制造：以晋造36式75毫米火炮为例［J］.中国科技史杂志，2020，41（4）：475-495，472.

［132］宋超.民国时期苏联农业技术向中国的转移及其影响［J］.华南农业大学学报（社会科学版），2010，9（4）：116-122.

［133］宋毅军.论中共领袖关于三线建设战略决策的得大于失［J］.当代中国史研究，2008（1）：122.

［134］宋银桂，岳小川.三线建设中的增产节约运动：以湘黔、枝柳铁路（湖南段）为例［J］.广东党史与文献研究，2022（5）：40-50.

［135］王鑫，杨雨豪，朱欢，等.工业投资与地区经济增长：来自三

线建设断点回归的证据［J］.世界经济，2022，45（6）：136-158.

［136］吴苗.近代西医产科止痛技术的传入与影响［J］.中国科技史杂志，2021，42（3）：385-393.

［137］肖敏，孔繁敏.三线建设的决策、布局和建设：历史考察［J］.经济科学，1989（2）：63-67，40.

［138］徐锋华.东至化工区建设述论：上海皖南"小三线"的个案研究［J］.安徽史学，2016（2）：147-154.

［139］徐有威，陈熙.三线建设对中国工业经济及城市化的影响［J］.当代中国史研究，2015，22（4）：81-92，127.

［140］徐有威，陈莹颖.意料之中与意料之外：上海小三线医疗卫生与皖南社会［J］.医疗社会史研究，2020，5（2）：3-31，233.

［141］徐有威，张志军.得失之间：江西小三线"军转民"问题研究［J］.安徽师范大学学报（人文社会科学版），2020，48（4）：111-119.

［142］徐有威.口述史和中国当代军事史研究：以上海小三线建设为例［J］.军事历史研究，2012，26（1）：149-151.

［143］杨舒茗，黄雪垠.三线精神的科学内涵、历史价值和实践启示［J］.西南科技大学学报（哲学社会科学版），2023，40（2）：7-14.

［144］杨漾，仪德刚."三线建设"对中国西部装备制造业发展的影响［J］.科技管理研究，2011，31（24）：74-77，86.

［145］叶青，黄腾飞.福建小三线建设企业布局及其特点刍议［J］.当代中国史研究，2019，26（1）：138-145，160.

［146］袁世超，徐有威.三线企业的技术引进与外资利用：以长城机床铸造厂为例［J］.宁夏社会科学，2023，239（3）：169-179.

［147］张东保.困惑中的矛盾与整合：上海小三线职工的工作与生活状况研究［J］.上海党史与党建，2016（8）：13-15.

［148］张克让.技术转移的特征、模式及基础要素浅析［J］.科技导报，2002（1）：27-30.

［149］张全景.毛泽东与三线建设：一个伟大的战略决策［J］.世界社

会主义研究，2016，1（01）：24-28，124.

［150］张胜，徐有威.后小三线建设时代的安徽企业发展研究［J］.江淮论坛，2022（1）：17-24，193.

［151］张永斌.上海的小三线建设［J］.上海党史研究，1998（4）：34-36.

［152］赵学军."156项"建设项目对中国工业化的历史贡献［J］.中国经济史研究，2021（4）：26-37.

［153］周磊.冷战时期中法经济关系发展的里程碑："四三方案"期间中国大规模进口法国工业技术和成套设备情况［J］.中共党史研究，2017（1）：89-100.

［154］周云，张宇.全民国防教育背景下三线历史和精神的国防教育融入［J］.上海党史与党建，2022（6）：63-68.

［155］朱荫贵.上海在三线建设中的地位和作用：以皖南小三线建设为中心的分析［J］.安徽师范大学学报（人文社会科学版），2020，48（4）：104-110.

［156］邹富敏，徐有威.三线建设时期的子弟教育需求与师资供给：以上海小三线为中心［J］.上海党史与党建，2020（8）：33-40.

［157］邹富敏.小三线家属群体研究：以上海小三线为例［J］.三峡论坛（三峡文学·理论版），2020（3）：78-82.

［158］包羽.洋务运动时期的电报技术［D］.沈阳：东北大学，2006.

［159］蔡珏.三线建设中的技术转移研究［D］.长沙：国防科技大学，2020.

［160］陈晓刚.鞍钢技术创新的历史演进及其机制研究［D］.沈阳：东北大学，2013.

［161］崔海霞.上海小三线社会研究［D］.上海：上海大学，2013.

［162］方一兵.从汉冶萍公司看中国近代钢铁技术移植及其影响［D］.北京：北京科技大学，2008.

［163］何鹃.三线建设：一个大规模技术转移的案例分析［D］.长沙：

国防科技，2004.

［164］胡静.上海小三线的调整与改造：以安徽省贵池县为例［D］.上海：上海大学，2013.

［165］霍亚平.在革命与生产之间：上海小三线建设研究（1965—1978）［D］.上海：上海大学，2016.

［166］李泰.从分化到统一：上海小三线工人的集体记忆研究［D］.上海：上海大学，2022.

［167］李雪.西方电报技术向中国的转移［D］.北京：中国科学院自然科学史研究所，2010.

［168］李云.上海小三线建设调整研究［D］.上海：上海大学，2016.

［169］刘建民.论河北"小三线"建设［D］.石家庄：河北师范大学，2004.

［170］王斌.近代铁路技术向中国的转移：以胶济铁路为例（1898—1914）［D］.北京：中国科学院自然科学史研究所，2010.

［171］叶雪洁.现代矿业科技的引进与淮南煤矿的早期发展（1909—1949）［D］.合肥：中国科学技术大学，2017.

［172］张雪怡.上海小三线军品质量管理问题研究［D］.上海：上海大学，2021.

［173］赵娟霞.近代天津工业发展中的技术进步研究［D］.天津：南开大学，2011.

# 后 记

谨以此书献给所有关心、爱护和帮助过我的人!

本书是在我博士论文基础上修改而成的。时光如水般流逝,转眼间在中国科大的求学之旅即将结束,论文付梓之际,心情难以平静。一路走来,有恩师、有贵人、有挚友,对于他们给予我的无私奉献、诚挚关心和鼎力支持,我要表示深深的谢意!

首先,要感谢我的导师石云里教授和宋伟教授。成为宋伟教授的学生,是我的缘分,也是我的荣幸。宋伟教授在我进入中国科大后始终关心我的学习、生活状态。于我而言,宋伟教授不仅是学业上的导师,更是生活上的长者,宋伟教授广博的专业学识、忘我的工作精神、诚信的处世风范使我在博士生涯中受益匪浅,而这些财富也必将使我受益终身。石云里教授对我博士论文的选题、框架,以及具体细节的把握让我顺利通过了预审、盲审和最终的答辩,在这一过程中我也在其指导下提升了自己的学术能力。两位导师的帮助让我有机会、有信心在探寻真知的道路上不断前行。

其次,要感谢上海大学徐有威教授。我在博士论文写作中,抱着试一试的心态于2022年8月8日给徐有威教授发了一封邮件,出乎意料的是很快就收到了徐有威教授的回信,并表示欢迎我与其交流。正是在这样的机缘巧合下我与徐有威教授结识,在百忙之中对我的论文提出了许多宝贵意见。在与徐有威教授的沟通中,不管是对三线建设学术史的认识,还是研究方法的运用,我都得到了一定程度的精进。

再次,要感谢中国科大其他老师对我的帮助,丁兆君副教授、付邦红副教授、王安轶副教授、朱浩浩副教授、樊汇川副研究员在我论文写作过程中均给予了我许多指导,并在细节方面予以了纠正。

从次,还要感谢挚友们在我读博路上的陪伴和鼓励。在我对学习和就业有迷茫和焦虑时，熊立勇师兄、季节师兄、王仁文师兄等对我进行了劝诫和鼓励；在我博士论文写作坚持不下去时，窦钱斌、陈佳举、严武、刘浚哲、汪成亮、李志兴等帮我缓解了学业压力。

最后，感谢我的父母在我求学路上的无条件支持和付出。